日本の遺跡 51

鳥浜貝塚

小島秀彰 著

同成社

1　ベンガラ塗り土器出土状況（1984年）

2 **刻歯式赤色漆塗櫛**（実物大。鳥浜貝塚から出土する多種多様な漆製品は特に注目され、各方面で取り上げられた。この漆で朱色に染められた櫛は刻歯式という縄文時代の遺物としてはきわめてめずらしいもので、当時の高度な文化レベルをうかがわせる）

（象嵌部分拡大）

3　結歯式漆塗竪櫛の一部（櫛の歯をとめる部分に象嵌の痕跡がある）

4　漆塗り土器（漆によるさまざまな模様が施された）

5　1号丸木舟　全景（船首側、出土状況）

6　8の字の把手のついた木製の櫂

7　1号丸木舟を掘り出す（1981年）

8　復元丸木舟
（実験考古学により再現された1号丸木舟）

9 竪穴住居跡（1984年、発掘調査時）

10 復元竪穴住居（縄文ロマンパーク内に再現）

11 貝層はぎとり

12 貝層に打ち込まれたたくさんの杭(1985年、船着き場の桟橋とも住居跡ともいわれる)

13 水月湖年縞(約40,000年前、深さ32m前後、水月湖プロジェクト提供)

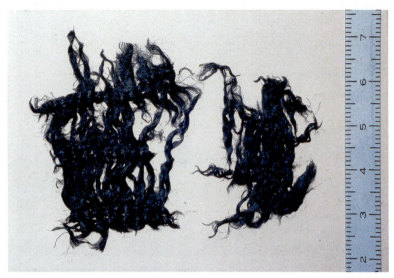

14 アサで編まれた編み物

15 ゴザのような編み物

目　　次

第1章　鳥浜貝塚の概要 ……………………………… 1

1　若狭さとうみハイウェイの開通と鳥浜貝塚の位置　1
2　なぜ注目され、どこが重要だったのか　5

第2章　鳥浜貝塚の特性 ……………………………… 15

1　遺跡の地理的環境　15
2　生業の復元　19
3　交流の範囲　29
4　自然科学分析と歴史への位置づけ　38
5　鳥浜貝塚のその後　46

第3章　調査の経過 …………………………………… 57

1　調査に至る経緯と第1次・第2次調査　57
2　第3次調査以降　62

第4章　発掘成果1：遺構 …………………………… 69

1　生活に関わる遺構　69
2　杭群について　74
3　遺構にみる鳥浜貝塚　77

第5章　発掘成果2：遺物 …………………………… 79

1　土器と土製品　79

2　石　器　87
　3　木製品　90
　4　骨角貝歯牙製品　97
　5　漆製品　100
　6　繊維製品　103
　7　動植物の遺存体　105
　8　さまざまな自然科学分析　113
　9　出土資料の国重要文化財指定　123

第6章　遺跡の現在 ……………………………125
　1　鳥浜貝塚の現地　125
　2　遺跡に関わる町の取りくみ　127
　3　鳥浜貝塚を周知する施設　134
　4　これからの鳥浜貝塚　140

引用・参考文献　145
あとがき　153

カバー写真　ベンガラ塗り土器
装丁　吉永聖児

鳥 浜 貝 塚

第1章　鳥浜貝塚の概要

1　若狭さとうみハイウェイの開通と鳥浜貝塚の位置

　2014年（平成26）7月20日、福井県敦賀市と京都府舞鶴市とを結ぶ舞鶴若狭自動車道（福井県内区間の愛称は「若狭さとうみハイウェイ」）が開通した。日本海側に面した若狭地方をつなぐ、この高速道路のオープニング記念イベントは、その中間地点にあたる若狭町で挙行された。多くの人びとで賑わう会場の縄文ロマンパーク近くに、ひっそりとその様子を見ている縄文人の人形があった（図1）。人形の名前は「縄文太郎」。目をギョロつかせ、ひげ面に石斧を構えたその姿は、初めてそこを訪れる人たちにとっては衝撃的だろう。だが、この人形の下に、かつて全国的に報道された縄文時代草創期から前期の遺跡・鳥浜貝塚があることは、ある世代より上の地元の人たちなら誰でも知っている情報なのである。

　その鳥浜貝塚は、福井県三方上中郡若狭町鳥浜に所在する（図2）。標高700〜800mの高原性山地の三十三間山から発して北流する二級河川の鰣川と、支流の高瀬川とが合流する地点付近の地下3〜7m（標高0〜-2.58m）付近に、遺物が出土する地層がある。先程の縄文太郎がある鳥浜貝塚公園近くの鰣川橋から北を臨むと、東西に走る舞鶴若狭自動車道の向こう側に、三方五湖唯一の淡水湖・三方湖と標高400mの梅丈岳とが見える（図3）。

図1 縄文太郎と高速道路

　三方湖に注ぐ鰣川の流域平野は、三方断層系と熊川断層系に挟まれた三遠三角地帯とよばれ、地殻変動の影響で少なくとも20万年以上前から沈降をつづけている地域である（図4）。リアス式海岸の若狭湾や三方五湖は、この沈降作用によって形成された地形であり、切り立った崖や山地が、海面や低地に急に落ち込んでいるのが特徴である。鰣川流域平野は完新世以後に堆積した沖積層からなり、現在、その大部分は水田が広がる低湿地である。下流域の標高は0〜25m程度と低く、そのさらに下から発見された鳥浜貝塚は典型的な低湿地遺跡である。さらに、淡水性貝類を主体とする貝層をともなっており、日本海側では未だ発見例の少ない低湿地性貝塚である。

　一般に低湿地性貝塚では、空気等の腐食を促す環境から隔離され

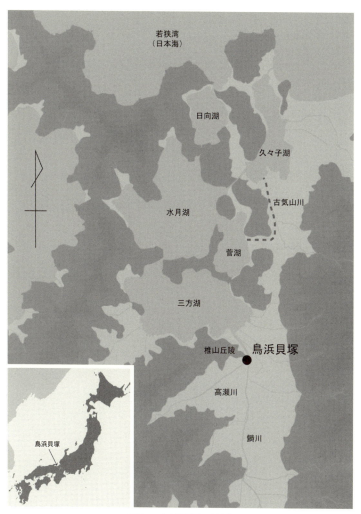

図2　鳥浜貝塚の位置

図3 鰶川橋から見た三方湖と舞鶴若狭自動車道

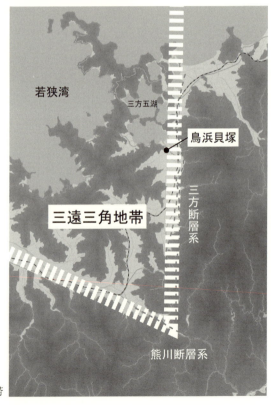

図4 三遠三角地帯

ているため、木製品、繊維製品や漆製品、動植物遺体等が良好な状態で保存されている。鳥浜貝塚もその例に漏れることなく、出土品の保存状態のよさからかつて「縄文のタイムカプセル」とよばれたほどである。

2　なぜ注目され、どこが重要だったのか

(1)　教科書に載っていた鳥浜貝塚

　発掘調査成果をふまえた上での遺跡の特性を述べる前に、ここでは「縄文のタイムカプセル」鳥浜貝塚の正体について、その要点を解説しておこう。次章以降ではさらに詳しく書いているが、ここを読んでいただくだけでも、そのポイントがつかめるはずである。

　さて、2016年（平成28）現在の学習指導要領では、小学校6年生から社会科で日本の歴史を学ぶ。古い時代から順に新しい時代へと進んでいくのだが、旧石器時代とともに最初に登場するのが縄文時代だ。じつは、鳥浜貝塚は第10次調査（最終年度）が終了した1986年から数年間、社会科教科書の縄文時代の項目で大きく取り上げられた遺跡だった。手元にある当時の教科書（図5）から、その内容を見てみよう。

　1986年度『小学生の社会科　人間の歩み　6上』（大野連太郎ほか、中京出版）では、8～10ページにかけて、写真とイラストを交えて鳥浜貝塚が紹介されている。本文中からその記述を引用してみる。

　　鳥浜貝塚から出た道具　土器や、石器（おの・ナイフなど）のほか、弓や矢、石の矢じりなどの狩りの道具や、けものの骨でつくったやす、石のおもり、丸木舟などの漁の道具が見つか

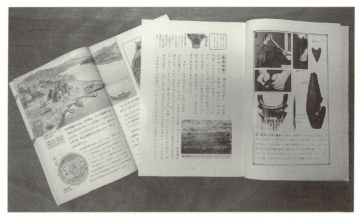

図5　鳥浜貝塚が掲載された教科書

りました。しゃもじや木づちなどの木製の道具、植物のせんいのあみ物の切れはし、どんぐり・しいなどの木の実、しか・いのししなどの骨、しそ・ごぼうなどの種、うるしぬりのまっ赤なくしも発見されています。（9ページ、傍点筆者）

　このわずか7行に、鳥浜貝塚主要出土遺物のすべてが集約されていることに驚かされる。特に傍点を付したところが重要で、それまでの縄文遺跡では発見されていないか、まれな品物が列挙され、当時の最新情報が反映されているのだ。ちなみに、掲載されたこれらの遺物や展示風景写真は、当時の福井県立若狭歴史民俗資料館から提供されたものである。

　本文中からさらに引用を続ける。

　　いまから六千年ぐらい前になると、ここに三十人ほどの人たちが住みつき、むらをつくって、共同でくらすようになりました。……

　　鳥浜の人たちは、植物を栽培していたようですが、ほとんど

図6　若狭三方縄文博物館常設展示壁画

自然のめぐみにたよる生活でした。(10ページ、傍点筆者)

　この部分に書かれている内容は、定住生活を始め、小規模な単位で暮らした一般的な縄文人像を的確に表現している。掲載から30年経過した現在でも、基本的にこの内容でまちがいはない。さらに、当時出土したばかりの栽培植物を紹介しつつ、基本は狩猟採集経済であることを述べている。挿絵には、湖辺につくられた4軒の竪穴住居を中心に、丸木舟や土器をつかって作業をする縄文人たちが描かれているが、これは若狭三方縄文博物館常設展示室の壁画とほぼ同じ内容である（図6）。当時の想像図が、ほぼそのまま現在の展示にも活かせる内容であるということは、いかに鳥浜貝塚の調査が正確な情報をもたらしていたかを物語っている。

　1991年度『新しい社会　6上』(宇沢弘文・寺崎昌男ほか、東京書籍)では、口絵折込ページ「地域の歴史を見直そう」から、福井県小浜市と福井県立若狭歴史民俗資料館を例にした地域学習が始まる。そこでは「歴史を伝えるもの」（2・3ページ）、「大昔の人々

のくらしをたずねて」（5ページ）、「かりや漁のくらし」（6ページ）の各項目で鳥浜貝塚が実例として取り上げられている。こちらも本文から引用してみよう。

  歴史民俗資料館には、上の写真のような、大昔の人々が使った道具や、食べ物など、たくさんの遺物が展示されていました。……

  これらの遺物は、今から5500年も前の鳥浜貝塚（福井県、三方町）という遺跡から出てきたものです。（5ページ、傍点筆者）

社会科教科書のトップの記述に、写真と日本地図の位置入りで鳥浜貝塚が紹介されているのだ。また、「鳥浜貝塚の人々の一年」（年間作業と狩猟採集の対象物を円内にイラストで表現したもの）や先の教科書とほぼ同じ構成の「鳥浜貝塚の想像図」もカラー図版で掲載されている（6ページ）。

これらの教科書は全国版なので、日本の縄文時代を代表する遺跡として鳥浜貝塚が選ばれたことを示している。筆者は、1987年度に小学校6年生だったので、これらの教科書で鳥浜貝塚を学習した世代に当たっているが、石斧や丸木舟の写真にはたしかに見覚えがある。

2016年（平成28）現在、小学校6年生社会科教科書の縄文遺跡の主役は青森県三内丸山遺跡であるが、かつてそのポジションにいたのが、鳥浜貝塚だったのである。

(2)　縄文のタイムカプセルの意味

先の教科書の記述に、「土器や、石器（おの・ナイフなど）のほか」とある。土器や石器は一般的な縄文遺跡から出土する遺物であ

るが、「〜のほか」以下の品々の方には、通常、台地上の縄文遺跡ではほとんど出土しないめずらしい遺物が多い。そしてそれらの遺物こそが、当時の人びとの生活を具体的にわかりやすく伝えてくれるものなのだ。さらに、鳥浜貝塚の出土資料は縄文時代草創期から前期（約13,700〜5900年前）という、比較的古い時期に属している。鳥浜貝塚がわざわざ小学校社会科の教科書に取り挙げられた理由は、そこにあるのだ。

　木製品、骨角貝歯牙製品、繊維製品、動植物遺体、栽培植物、漆製品といった遺物は、日本の酸性土壌中ではふつうは分解・消失してしまう。しかし「ふつうでない」鳥浜貝塚では、地下3m以下の低湿地に遺物が埋没しているのだ。冷たい地下水によって空気が遮断され、紫外線にもさらされない環境下では、上記の遺物が良好な状態で保存される。1960〜80年代にかけて日本で行われていた発掘調査では、このような遺跡はまだあまり知られていなかった。すなわち、縄文時代から現代に受け継がれ、発掘調査で開封された日本で最初のタイムカプセルだったということである。

　このタイムカプセルを開封してわかったことは多岐にわたるが、その概要について次に紹介しよう。

(3) 日本記録をもつ出土遺物の数々

　鳥浜貝塚を語る上で、ひときわ注目された遺物について2点、まず触れておこう。

　まずは漆製品である。先に述べたように、鳥浜貝塚はその立地の特殊性から遺物の保存状態が良好で、漆製品はその文様まで目視可能なレベルで多数残存していた（図7）。鮮やかな朱色に染められた刻歯式赤色漆塗櫛（口絵2）がとくに著名であるが、これら漆製

図7 漆塗り木製品と文様イラスト

図8 丸木舟出土を報じる新聞記事

品は縄文時代の文化を考える上で貴重な資料といえる。

　いまひとつは丸木舟の出土である。発見当時は縄文時代の生活実態の解明が期待され、新聞等でも大きく報道された（図8）。

　上記2点は象徴的な意味において鳥浜貝塚を代表する遺物といえるが、これらだけが特にすぐれていたわけではもちろんない。すべての遺物の質・量がケタ違いであることこそが、本遺跡の特性といえよう。

　木製品は、現代でも多用されているが、鳥浜貝塚では保存状態がよい上、非常に多種類・多量の出土があった。材質から樹種も調べられ、広葉樹を中心にありとあらゆる樹種が使われていることがわかった（第5章で詳述）。道具の使用目的によって素材を使い分ける縄文人の知恵は、鳥浜貝塚以前の調査ではわからなかったことである。

　繊維製品では、縄や紐・糸、編み物の出土が重要だ。縄文時代の繊維製品研究にとって、鳥浜貝塚での発見は欠かせないスタート地点だったのである。ちなみに日本最古の糸（約1万年前・縄文時代草創期）が出土した遺跡でもある。

　栽培植物の点では、アサやエゴマ等、縄文時代の非主食栽培植物を日本で最初にまとめて検出したのが本遺跡である。近年ウルシの自然木も同定され、年代測定の結果、日本最古の較正年代測定値（約12,600年前）が出ている。そのほか個々の出土遺物については、第5章で詳述する。

(4)　古くて新しい自然科学分析

　多彩な遺物が出土するということは、さまざまな分野の専門家による自然科学分析が必要になることを意味する。調査の経過でも触

れるが、1975年（昭和50）から取り組まれた学際的な研究体制が功を奏し、鳥浜貝塚の出土遺物は現在も分析が継続されている。近年の低湿地遺跡の発掘調査では、このような自然科学分析が行われるのはほぼ常識となっているが、約40年前の調査から、それを意図して行った鳥浜貝塚調査メンバーの意識の高さには脱帽するばかりである。縄文のタイムカプセルは、まだまだ調べ尽くされてはいないのだ。

　最新の自然科学分析の結果は、2016年に発表された土器付着物の同位体・脂質等の分析で、最古の縄文土器がどのような用途に使われたのかを明らかにする成果が得られている（第5章で詳述）。

(5) 遺跡立地の特異性

　次章でも述べるが、鳥浜貝塚は三方五湖のさらに上流に存在した「古三方湖」のほとりにある。この立地は、当時の自然環境から見ると、半径5km以内に、山地・河川・湖沼・海・低地が含まれ、豊かな落葉広葉樹林から照葉樹林・スギ林に覆われた複合生態系にあたっている。日本列島をそのまま縮小したような立地であり、縄文時代前半期（完新世初頭）の人間が、多様な資源に対してどのような動きをしていたのかを追える好条件を備えている。

　またより下流の水月湖に形成された年縞堆積物（第5章で詳述）と合わせて、自然環境の変遷と人間活動の変遷を総合的に分析できるめずらしい遺跡である。これは環境考古学（後述）という分野の発展にはなくてはならない条件である。

　さらに前節で述べたように、三遠三角地帯において繰り返された沈降は、縄文のタイムカプセルが地中深くによりよく保存されることに有利に働いた。最深で地下7mという深さは、洞窟遺跡以外

には残りえない縄文時代草創期にさかのぼる古い時代の遺物を保存してくれたのだ。

　以上、小学校社会科教科書に掲載された理由を中心に、鳥浜貝塚の重要性について解説してきた。発掘調査の流れや遺構・遺物の詳細データなど、資料的な部分は第3章以降に記述することとして、次章では、長年の調査成果や研究の蓄積により明らかになってきた鳥浜貝塚の特質について、専門的な見地から考察してみたい。

第2章 鳥浜貝塚の特性

　鳥浜貝塚を総合的に俯瞰して記述することは、じつは相当に困難な作業である。これまでに、森川昌和や網谷克彦による論考があったが、いずれも遺跡の全貌と詳細がつかめていない段階での暫定的な考察であり、その条件は発掘調査終了後30年を経た現在でも同じなのである。しかし、両学兄の論考を参考に、筆者なりに鳥浜貝塚という遺跡について考えてみたい。

1　遺跡の地理的環境

　第1章でも述べたように、鳥浜貝塚周辺は沈降地形であり、現在の目から見た遺跡の相対的標高や、湖水面からの比高などは、いったん白紙にして考える必要がある。岡田篤正らによる三方断層系の分析から、当地は年間約0.5〜0.7mmずつ沈降していることが示されている。鳥浜貝塚に最初の人間の痕跡が登場した、草創期隆起線文土器期の較正年代値13,644±71calBPを例にすれば、0.7mm×13,644年=9550.8mmとなり、約9.5m分の地面が下がっていることになる。草創期の最下層の遺物は現在の地表下約7mに保存されていたので、9.5−7=2.5m、すなわち現地で約2.5m以上高い場所に当時の生活面があったと考えなければならない。同じく鳥浜貝塚の最盛期である前期北白川下層式期の較正年代値6,295±26calBPで同じような操作をすれば、前期後葉当時の生活面は、現在

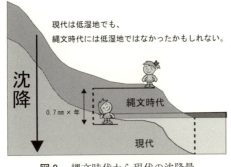

図9 縄文時代から現代の沈降量

よりも約1.4m以上高い場所として考えることができる（図9）。

これらの数字は、単に平均値を操作したものであり、当時の実際の標高を正確に求めることはできないが、相対的には現在よりも高く、水域からやや離れた場所で暮らしていたと考えることは可能である。逆にそう考えなければ、現在の鰡川よりも低い場所で生活を営むことになってしまい、それは想定しにくい。従来の鳥浜貝塚復元像を見ると、この点について配慮されていなかったのではないかと考える。ちなみに、椎山（しいやま）丘陵を挟んで鳥浜貝塚の北側に位置する縄文時代早期・前期の田井野貝塚は現在の標高が0mに近く、三方湖が増水すれば容易に水没する地点にある。しかし鳥浜貝塚と同じ計算を行えば、現在の三方湖面からの比高約3.5mの微高地に位置する遺跡ということになり、より生活に適した地理的条件であったとみなすことができるのである。

一方、鳥浜貝塚の前面に拡がる鰡川流域平野の古環境復元についても実際のデータから見てみよう。森川昌和の想定した「古三方湖」の範囲は周辺の縄文遺跡分布にもとづくものであるが（図10）、ここでは舞鶴若狭自動車道の建設に先立ち、旧日本道路公団北陸支社（現中日本高速道路株式会社）が1999〜2000年（平成11〜12）に実施した鰡川流域平野の路線上の地質ボーリング調査成果を参考にする（図11）。それによれば、鰡川流域には近傍の河川より

図10 「古三方湖」と周辺の縄文遺跡

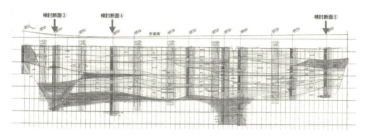

図11 若狭町向笠地区の地層地質縦断面図（図右側付近が鳥浜貝塚）

もたらされた河成（湖成）堆積物が厚く堆積し、粘性土を主体とした軟弱地盤を形成していることがわかる。鳥浜貝塚およびユリ遺跡と、仏浦遺跡とを結ぶ線上では、砂質土層と粘性土層が互層になっており、土砂の流入によって水深が徐々に浅くなり、さらに沈降によって水深が深くなり、その後ふたたび土砂の流入で浅くなるといった過程が、標高 −35m〜 3 m くらいの深度までくり返されていたことがわかる。さらに、遺跡の位置する丘陵裾に近い部分に限り、腐食土層が介在しており、水深の浅い岸辺には植物由来の土がたまっていった状況がうかがえる。地質ボーリング範囲は高速道路

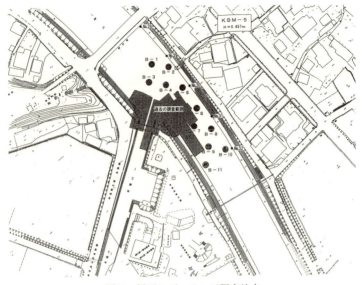

図12 鰡川のボーリング調査地点

の路線上でしかないので、「古三方湖」の正確な範囲はわからないが、少なくとも鳥浜貝塚の西・南・東側にかつて水域があり、それが徐々に埋没していったことは確実である。これは、鳥浜貝塚終焉後、少なくとも縄文時代の間継続していた動きであり、北寺遺跡やユリ遺跡といった後を引き継ぐ遺跡周辺の古環境復元にも役立つ情報である。

また、2002年(平成14)に福井県教育庁埋蔵文化財調査センターが、鰡川の河川修繕にともなうボーリング調査を実施し、第1〜10次発掘調査後に残存した鳥浜貝塚の遺物包含層の位置と深度について報告している(図12)。それによれば、85L調査区(第10次・1985年度調査区)の東側の河床下に、遺物包含層にあたる貝層の一部と有機質土の堆積が残存している。その深さは、標高 −0.7〜−1.35

mであった。鳥浜貝塚の貝層は東に向かうにつれて傾斜しながら厚さを減じていくので、鰶川右岸側ではこの貝層はさらに深く、薄くなっていくのだろう。

ところで、西日本の縄文遺跡の多くは低湿地にあり、遺跡の発掘調査件数そのものが少ないため、「東日本よりも発見数が少ないのは見かけ上の現象なのではないか」という疑問は、かつて西田正規も指摘していた。鳥浜貝塚をはじめとする三方五湖周辺の縄文遺跡は、そのほとんどが圃場整備や河川改修といった地面を深く掘らなければならない土木工事にともなって発見されている。近年人骨が多数出土した富山県小竹貝塚（前期中葉～末葉）や、調整池建設にともなって発見された佐賀県東名遺跡（早期）のように、地表面からでは観察できない埋没した遺跡が、もう周辺には残っていないといい切ることはできないのである。今後も開発行為を注視する必要があるし、新たな発見があっても不思議ではないだろう。

2　生業の復元

共同研究の統一テーマ「生業を中心とした生活の復元」は、1975年（昭和50）の第4次調査から導入された（第3章で詳述）。いまだ道半ばの感はありつつも、その大枠については情報が出そろってきているといえるだろう。重要な点は、「復元の精度をどこまで高めることができるか」で、今後の新しい分析方法や研究体制の構築によって、それをさらに革新的に高くすることができるということである。

(1) **生業のスケジュールと遺跡利用**

　2000年（平成12）4月開館の若狭三方縄文博物館の常設展示は、鳥浜貝塚における四季の営みを、イラストや詩的な解説文、食べ物や動物の模型等からわかりやすく紹介したものだが、これらは今日の目で見ても、おおむね妥当性が高い。以下、季節ごとにその動きをなぞってみよう。

　春の採集対象物としては、湖の貝類や淡水魚類が主である。現在の三方五湖周辺でも、ヤマトシジミやコイ、フナ類がこれに相当する。フナ類が春から初夏にかけて産卵のために水田や湿地に遡上することは、昭和時代であればふつうに見られた光景であった。一方、山菜類の採集も、キノコ類を除くとこの時期以外には想定しにくいだろう。春の果実にはクサイチゴがあった。

　夏は、引きつづき貝を含む淡水漁撈が行われ、一方で海を舞台にした漁撈活動が活発化する時期である。現在でも、サザエ等の磯の貝類の採集シーズンである。夏にとれる果実はナワシロイチゴやヤマグワである。

　秋は、クリ、シイ、カシ類といった堅果類や湖に繁茂するヒシの採集季節である。秋に収穫できる果実として、ブドウ属、サルナシ、ニワトコも見つかっている。

　冬は、イノシシ、シカを主体とする狩猟の季節であり、季節的に渡りを行う鳥類を捕獲しやすい季節である。また肉目的ではなく、カワウソやテンといった毛皮採取を目的として捕獲された動物もいたと考えられる。

　縄文博物館の常設展示等における以上の想定は、森川昌和や西田正規による復元を元に構成されている（図13）。有名な小林達雄による縄文カレンダーの記述も、1970年代後半から広く各地の博物館

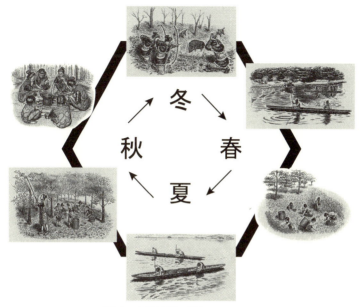

図13　鳥浜貝塚の縄文カレンダー

や概説書に登場するようになり、上記内容を補完している。

　では、本当にその通りの生業スケジュールにもとづいて、鳥浜貝塚の縄文人たちは行動していたのだろうか。第5章で取り上げる内山純蔵による論考は、イノシシ・シカの齢査定と部位別組成から、遺跡の利用季節と利用形態とを復元するものである。それによれば、夏を中心とする季節はシカを含む狩猟と採集・漁撈が行われ、鳥浜貝塚が拠点として定住される時期であるが、一方3月を中心とする冬～春にかけては、イノシシの狩猟キャンプとして鳥浜貝塚が利用され、定住されていないとのことである。もし、この通りだとすれば、縄文博物館の常設展示は大きく内容を書き換える必要があり、鳥浜貝塚が通年定住をした遺跡ではないことを示さなければな

らない。動物遺体を中心とした情報から、遺跡の利用形態を判断することは可能だろうか。

たしかに、本郷一美が分析した第5次調査出土魚類遺体の構成を見れば、大多数が淡水魚であることから、産卵期にあたる春から初夏を中心とした集約的な漁撈活動を見出せる。筆者が個人的に鳥浜周辺在住の50～80代の住民（漁業者含む）に聞き取りをしても同じような意見が得られた。さらに貝類採集についても、現在、春から夏の時期に久々子湖や久々子湖と水月湖をつなぐ浦見川でヤマトシジミが採られていることからも整合性は高い。

しかし、じつはそれ以外の季節にも漁撈が行われていた形跡がある。筆者が分析した第10次調査出土ブリ属遺体のなかには、きわめて大きな頭部内側の骨（副蝶形骨）や主上顎骨が含まれていた。手もちのブリ現生標本（全長70cm）の1.5～2倍を測る。今日、寒ブリとよばれているものは、富山県氷見産が有名であるが、夏季に九州方面で産卵し、冬季に日本海近海で漁獲されるものである。現在の若狭湾でも氷見産に負けない大きなブリやカンパチが漁獲されており、先述の大型個体は冬季に捕獲されたものである可能性が高い。

本郷は、鳥浜貝塚からサケ科魚類の出土を報告している。2014年（平成26）11月8日に福井県海浜自然センターが実施した調査によれば、三方湖から鰣川を遡上したサケの個体数は116尾であった。西日本はいわゆるサケ・マス文化論の対象地域外とされているが、三方五湖周辺ではサケが遡上できる環境があり、晩秋に食料資源として漁獲されていた可能性もある。

一方、内山は冬季に多く飛来するはずの鳥類が6種程度で同定数も少ないことから、鳥類の利用が低調であり、集落拠点でなかった

図14　鳥浜貝塚周辺の遺跡の立地

傍証としている。鳥類遺体については、同時期の神奈川県羽根尾遺跡などでは多数の出土があったのに対し、たしかに鳥浜貝塚での鳥類利用は低調である。動物遺体組成の点では大きく反論できる根拠に乏しいが、縄文時代前期の日本海側の遺跡で鳥類を利用しなかった、あるいは残存しなかったことになんらかの理由があったと考えることができないだろうか。周辺の遺跡では富山県小竹貝塚でも、陸生哺乳類同定数5,146に対し、鳥類同定数は498に止まっている。

　さらに、これら主に動物遺体にもとづく情報だけから、遺跡の利用形態にまで論を拡げるのは妥当ではないと筆者が考えるのには、もう一つ理由がある。それは鳥浜貝塚の立地である。鳥浜貝塚は西から伸びる椎山丘陵先端の南側に位置しており、北からの冬の季節風をよけることのできる場所にある（図14）。鳥浜貝塚の主たる利

用期間は、縄文時代草創期隆起線文土器期（約13,700年前）から前期北白川下層Ⅲ式期（約5,900年前）であり、約7,800年間に及んでいる。この長期間、この遺跡の立地が選ばれ、引きつづき中期～晩期までユリ遺跡、北寺遺跡でも椎山丘陵の南裾を選んで集落が営まれている。その理由が当地の利便性にあるとすれば、冬季から春季に限ってわざわざ別の場所に居を移す必然性はない。第4章で述べるように、住居跡のすぐ近くの貯蔵穴にドングリを保存していることは、冬季から春季の食料を確保し、その場所に引きつづき居住しようとする意思の現れではないだろうか。対照的に、椎山丘陵の北側に位置し、冬の季節風を受けやすい位置にある田井野貝塚は、縄文時代早期（押型文土器）・前期（北白川下層Ⅱ式～大歳山式）のごく短い期間の散布地であり、まさに狩猟キャンプ的に利用されている。田井野貝塚の動物遺体の出土数は少なく、検討に足るものではないが、やはり冬季に飛来する鳥類の出土はごくわずかである。今後は周辺遺跡の事例と比較しつつ、鳥類利用（ないし残存率）の低調さについて議論すべきだろう。

　動物考古学的情報の検討は、ときに遺跡利用に対する有益な情報をもたらしてくれるが、一部の地点の情報は、遺跡全体を代表するものではない。内山の分析した第9次調査出土資料は、たしかに3月を中心とする冬の期間、鳥浜貝塚がイノシシ猟キャンプとして利用されていたことを示すものであるが、存続期間を通じてそれが継続していたかどうかは、慎重に検討すべきであろう。

　それに関連してもう1点、鳥浜貝塚における生業の変遷という点について考えてみよう。くり返しになるが、鳥浜貝塚の存続期間は、縄文時代草創期から前期の約7,800年間が主であり、さらに貝塚が形成されたのは、前期の約1,000年間に限られている。若狭三

方縄文博物館の常設展示にある生業スケジュールは、その間まったく変化なく、毎年同じようにくり返されていたと想定したものではなく、特に遺跡での活動がピークを迎える前期のある時期を復元したものだ。では、その前期の期間内においても生業の質や内容に化はなかったのであろうか。

この点、特に動物遺体から見た生業の変遷について言及した研究者は多くない。哺乳類については、茂原信生・本郷一美・網谷克彦らが、イノシシ・シカの部位別・層位別の出土量をまとめている。いずれも縄文時代前期中葉の羽島下層Ⅱ式期よりも、圧倒的に前期後葉の北白川下層式期の出土量の方が多い。姉崎智子・本郷一美は、イノシシの臼歯の大きさがある時期に顕著に小さくなり、ふたたび有意に大きくなることから、イノシシの生息量の増加による生態群圧力、ないしは捕獲圧によるイノシシの利用の変化（集約的利用）の可能性を論じている。しかしその要因や時期的変化について、考古学的に検証されてはいない。これらについて、発掘調査報告書や森川昌和は、前期後半には石鏃の出土量が増え、相対的に狩猟への比重が高くなったことを指摘している。

一方、漁撈に関しては中島経夫らが、縄文時代前期後葉の北白川下層Ⅰｂ式期ごろを境に、それまでの多様な種類からなるコイ科魚類咽頭歯が、フナ属の咽頭歯ばかりの組成に変化することを指摘している。これは、それまでさまざまな淡水魚を捕獲していたのが、フナの仲間を集約的に利用する方針に転換した可能性を示している。発掘調査報告書では、石錘の出土量が前期後葉になると激減することから、漁撈主体から狩猟主体への生業の変化を説いている。また筆者は、外洋性大型魚類遺体と漁具としての骨角器・石錘・タモ枠状木製品・櫂のいずれもが、羽島下層Ⅱ式期から北白川

下層Ⅱc式期まで存続していることを示して、淡水性・外洋性漁撈活動の双方が、比重はともかく継続して行われていると指摘した。

狩猟、漁撈ときて、植物食利用も本来であれば時期的変遷を分析すべきだが、今のところ研究事例がなく、前期全体を対象とした復元しかできない。先の生業の質と内容の変化の問いに対する答えが、いまだ十分に用意できないのだ。だが、少なくとも縄文時代前期の約1,000年間、まったく同じ状態で推移していたのではなく、狩猟への傾倒や、集約的な漁撈への移行があったと想定できそうだ。特に植物食利用の変遷について、今後詳細な研究が進むことを期待している。

(2) **木材利用の特性**

木材利用については、第5章で紹介するように、鳥浜貝塚出土の自然木を分析した鈴木三男・能城修一の業績がひときわ目立っている。両者は、鳥浜貝塚だけでなく、周辺の弥生時代～平安時代の出土木製品および自然木の樹種同定も行っており、鰣川流域で暮らした人びとの縄文時代～平安時代の木材利用についての情報が出そろっているのだ（表1）。

植田弥生や筆者はそれらについてまとめたことがあるが、鳥浜貝塚を含む縄文時代を通じて、広葉樹・針葉樹を問わず、さまざまな種類の木材が利用されていることが明らかになった。周辺の植生をある程度は反映していると思われるが、第5章でも述べるように、どうも縄文時代の人びとは、道具や構造物の種類に応じて、利用する木材を選んでいた可能性が高いのである。森川昌和によれば、石斧柄で最も多い樹種はユズリハ、弓はカシ類、盆はトチノキ、板はスギといった具合である（図15）。また現在までに出土した鳥浜貝

表1 三方五湖周辺出土の自然木・木製品等の分析事例一覧

自然環境を反映した木材遺体群試料

時　期	出　土　地	試　料
縄文時代草創期以前	鳥浜貝塚	自然木
縄文時代草創期	鳥浜貝塚	自然木
縄文時代前期	鳥浜貝塚	自然木
縄文時代中期末～後期	北寺遺跡	自然木
縄文時代後半期以降	ユリ遺跡	自然木・立株
縄文時代後期	牛屋遺跡	自然木・立株
縄文時代後期以降	江端遺跡・黒田	自然木・埋没林
3350yrBP・4000yrBP	中山	埋没株
3390yrBP	黒田（岩屋）	埋没株
3080yrBP	中山	埋没株
4000～2600yrBP	黒田	埋没株
弥生時代中期以降	江跨遺跡	自然木・立株
弥生時代中期	牛屋遺跡	自然木・立株
1970yrBP・1420yrBP	黒田	埋没株

人為選択・加工を経た木材遺体群資料

時　期	出　土　地	資　料
縄文時代草創期	鳥浜貝塚	木製品・杭
縄文時代早期	鳥浜貝塚	木製品・杭
縄文時代前期	鳥浜貝塚	木製品・杭
縄文時代早期～前期	鳥浜貝塚	木炭
縄文時代前期	鳥浜貝塚	丸木舟
縄文時代中期以降	牛屋遺跡	杭・渡し材
縄文時代中期以降	江跨遺跡	加工痕のある根付きのスギ倒木
縄文時代中期末～後期	北寺遺跡	木製品
縄文時代後期・晩期	鳥浜貝塚・ユリ遺跡	いずれも丸木舟
縄文時代晩期	ユリ遺跡	木製品
弥生時代	牛屋遺跡	木製品
弥生時代中期～奈良・平安時代	南前川・佐古・大野遺跡	いずれも木製品
弥生時代後期以降	江端遺跡	木製品
弥生時代後期末	江跨・田名遺跡	木製品
弥生時代後期～古墳時代	ユリ遺跡	木製品
弥生時代後期～古墳時代前期	角谷遺跡	木製品
古墳時代	江跨遺跡	木製品
古墳時代前期～中期	田名遺跡	木製品
古墳時代？	牛屋遺跡	木製品
古墳時代中期	南前川遺跡	木製品
古墳時代以降	湯波遺跡	木製品
奈良時代	江跨・田名・角谷遺跡	いずれも木製品
平安時代	江跨・角谷遺跡	いずれも木製品
平安時代（9世紀後半～12世紀中頃）	田名遺跡	木製品
平安時代中期以降	角谷遺跡	割矢板配列遺構（畦境杭）
平安時代（9世紀中葉～10世紀）	角谷遺跡	掘立柱柱根
平安時代以降中世？	江跨遺跡	木製品
平安時代以降	角谷遺跡	木製品
近代？	江跨遺跡	木製品

縄文時代前期、鳥浜の人達は木の特性を熟知し、伐採用の石斧柄にはユズリハ属、丸木舟には杉、櫂にはヤマグワといったように道具の用材を使いわけました。また、容器製作では樹種選択から木取り、漆塗装まで一貫した製作体系があり、1個の品物を異なる集落の人々が分業して作り上げるシステムもあったようです。

図15 鳥浜貝塚における木製品の樹種使い分け

塚・ユリ遺跡の丸木舟はすべてスギ製である。その一方、棒や杭とされるものはさまざまな樹種を利用しており、特にこれといった嗜好がなさそうである。縄文時代の木材利用を評するなら、「多樹多用の時代」ともいえるだろう。

ところが、弥生時代以降になるとこの傾向が一変する。広葉樹の利用がほとんどなくなり、針葉樹であるスギが突出して利用されるようになる（図16）。たとえるなら、「スギ一辺倒の時代」である。その要因は、木製品の加工道具である石斧が、徐々に鉄斧や鉄ノミに取って代わられていったとすればわかりやすい。事実、鳥浜貝塚に程近い江跨遺跡では、板材に鉄のような鋭利な刃物できれいに彫り込んだ把手や、蝶番のはまる凹部分をもつ弥生時代後期の建築材が出土した。さらに、古代・平安時代になると、スギに加えてヒノ

キの利用率も高くなる。これは都の置かれた京都・奈良方面と古墳時代以降交流のあった若狭地方にも、都の建築材利用の技術がもたらされたためかもしれない。

　自然環境面でいえば、若狭地方は縄文時代前期以降、温暖で多湿な日本海側の気候を背景に、スギが爆発的な勢いで増えた。さらに第２次世界大戦後もスギ植林が進められた結果、現在も植生に占めるスギの割合は高い。菅湖東側の中山低地（通称カヤ田）や、鰣川上流域の黒田低地では、径２ｍ近い埋没杉が地下３ｍ程度から多数出土しており、現生のスギに負けない密度であったことが知られる。しかし、鳥浜貝塚の人びとはそうした環境下にあっても、あえて広葉樹を道具の用途にあわせて選び、加工していたことがわかったのだ。弥生時代後半以降の人びとは、鉄製道具で加工しやすいからとはいえ、なぜ広葉樹を多目的に使うことをやめてしまったのだろうか。多樹多用する知識があるにも関わらずそれをしなかったのか、それとも徐々に樹木利用の知識体系が失われていったのか。今後、検討が必要な課題である。

３　交流の範囲

　鳥浜貝塚で暮らしていた人びとは――他の縄文時代集落でもそうだった可能性が高いが――地産地消で自己完結していたわけではなかった。日本列島各地との交流を示す遺物が、それを物語っている。これまでの調査研究にもとづき、遺物ごとにその交流範囲について見てみよう。

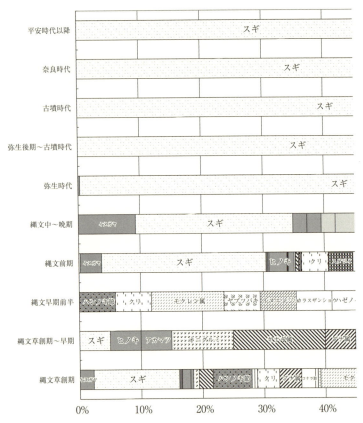

図16 三方五湖周辺遺跡の木材利用変遷

(1) **石器石材の原産地**

　まず、石器の石材はどこからもたらされているのだろうか。第5章で述べるように、藁科哲男・東村武信による分析で、黒曜石産地は霧ケ峰（長野県）と隠岐（島根県）、サヌカイト産地は金山（香川県）と二上山（大阪府・奈良県）とが同定されている（図17）。黒曜石は、縄文時代草創期後半多縄文土器期から前期中葉北白川下

第2章 鳥浜貝塚の特性 31

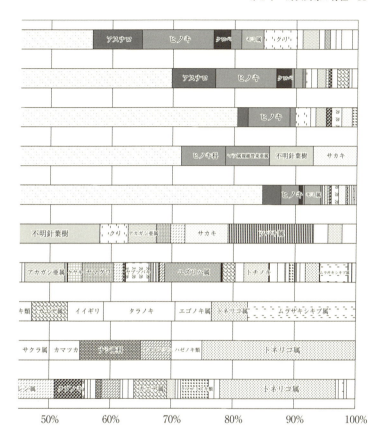

層Ⅱc式期までの時期、霧ケ峰・隠岐両地域から継続してもたらされている。一方、サヌカイトは、縄文時代草創期多縄文土器期が二上山から、前期には二上山・金山の双方からもたらされている。原産地が未発見の「S-A群」とよばれるサヌカイトは、石川県能登半島の遺跡で多用されているが、これも鳥浜貝塚の草創期に見られる。なお、黒曜石については、最近、明治大学古文化財研究所によ

図17　黒曜石とサヌカイトの移動

る再調査で、上記を追認する結果が出ている。

　特に黒曜石の産地同定結果は、たいへん興味深い。周辺の遺跡に目を向けると、櫛川鉢谷遺跡（縄文時代前期～中期・敦賀市）では隠岐産黒曜石が出土しており、隠岐産の東限はこの遺跡あたりまでであったようだ。一方、霧ヶ峰産の黒曜石は三重県を除くと鳥浜貝塚が西限にあたっている。つまり鳥浜貝塚周辺は、西の隠岐産・東の霧ヶ峰産黒曜石が交差し、その両原産地の「もの」と情報が交わる最前線であったということである。これに対し、二上山産サヌカイトは静岡県～石川県、金山産サヌカイトは鳥浜貝塚が東限であり、やはり鳥浜貝塚が分布の最前線に近い場所にあった。石器石材の産地分析から見れば、鳥浜貝塚の立ち位置は、東西日本の交差地点だといえる。

(2) 鳥浜貝塚で見られる土器型式の分布範囲

　第5章で述べるように、鳥浜貝塚の縄文時代草創期・早期・前期の土器型式は、主に近畿地方を中心とした諸地方に分布範囲をもっている。縄文土器は各地域内で孤立的に存在しているわけではないのだ。ここでは、時期ごとに土器型式の分布範囲と、そこから見える交流範囲を整理してみよう。

　縄文時代草創期、日本列島の土器型式の地理的分布範囲は比較的広大だ。たとえば、鳥浜貝塚で最初に出現する隆起線文土器は、鹿児島県から青森県までの九州・四国・本州に分布する（図18－1）。九州グループと、関東・中部・北陸・東北等を含む東日本グループとがあり、鳥浜貝塚は東日本のグループに含まれ、大塚達朗の設定した隆起線文系土器変遷過程Ⅰ～Ⅳ期のうちⅡ期に該当する比較的古い段階の個体が出土している。

　隆起線文土器の次に、時期的にほぼ並行しながら登場するのが、爪形文土器、円孔文土器、多縄文土器である。鳥浜貝塚では、爪形文土器の特徴と、円孔文土器の特徴が1つの個体に表現されたものがあり、それを裏づけている。ただし多縄文土器のみ、より長く継続する土器であり、鳥浜貝塚ではやや遅れて出現したことが層位的に裏づけられた。それらの分布範囲は、爪形文土器が鹿児島県から青森県まで、円孔文土器が長崎県から栃木・新潟県まで、多縄文土器が福岡県から岩手・山形県までと広い（図18－2）。爪形文土器は、隆起線文土器と同じく、九州と本州とで系統差があるが、円孔文土器と多縄文土器は出土遺跡数が少なく、同一系統のものが広く分布しているのか、あるいはいくつかの系統があるのか、よくわかっていない。

　草創期多縄文土器に後続して出現するのが、押型文土器である。

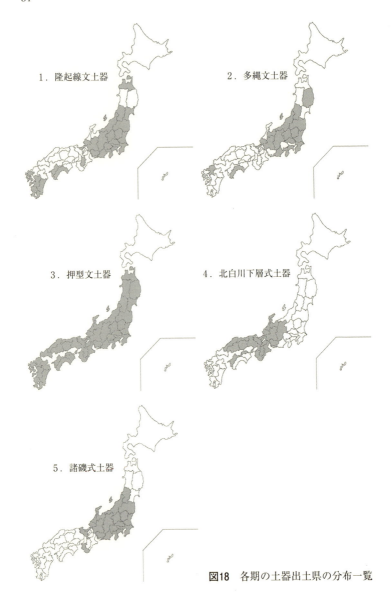

図18 各期の土器出土県の分布一覧

押型文土器とは、早期前葉から中葉にかけて、北海道と南西諸島を除く日本列島各地に広域に展開した存続期間の長い土器群である（図18-3）。鳥浜貝塚の早期の遺物は、地層が削平されており完全に残されているわけではないが、可児通宏の分類による第Ⅰ～Ⅴ様式の第Ⅱ～Ⅳ様式のものが出土している。第Ⅱ・Ⅲ様式では伊勢湾周辺から近畿地方に分布する「大川式・神宮寺式」および中国・四国地方に分布する「黄島式」、第Ⅳ様式ではその分布域を引き継ぐ「高山寺式」とよばれる型式である。

　早期後半になると、条痕文土器が出現する。これは関東・東北地方を中心に分布する、やはり存続期間の長い土器群だが、鳥浜貝塚でも分布の中心が関東にある「茅山下層式」とよばれる型式のものが少数出土している。同じく早期後半に出現する表裏縄文土器は、東北地方から北陸地方に分布し、鳥浜貝塚でも少数出土した。これらはいずれも主な分布域の外縁にあたるので、黒曜石と同様、鳥浜貝塚はその情報と製品の拡がりの最前線に当たっていたともいえるだろう。

　前期になるとこの状況が一変する。それまでは本州という広大なエリアで斉一性の高かった土器型式は、地域性がより強くなり、鳥浜貝塚では主に近畿地方や山陰地方という限られたエリアに分布する土器型式（羽島下層Ⅱ式・北白川下層Ⅰ～Ⅲ式）が出土するようになる。しかし、一方で前期初頭の山陰地方に分布する「羽島下層Ⅰ式」が、同じく東海地方に分布する「清水ノ上Ⅰ式」と共伴して出土している。これは鳥浜貝塚が土器型式分布の最前線になる早期後半と同じケースである。前者の羽島下層Ⅰ式は、九州地方を中心に分布する「轟式」と共通する特徴を備えており、鳥浜貝塚で出土する土器のつくり方に関わる情報源は、はるかに遠いところにあっ

たと考えられる。次段階の北白川下層式土器群の時期、その分布範囲は九州を除く西日本一帯となり、鳥浜貝塚はより分布の中心に近い位置にあるようだ（図18-4）。さらに、同時期の関東・中部地方に分布する「諸磯式」が鳥浜貝塚でも一定数出土しており、羽島下層Ⅰ式や清水ノ上Ⅰ式同様、分布範囲の最前線にあたっている（図18-5）。

　ここまでをまとめると、縄文時代草創期に土器のつくり方や文様を通じて鳥浜貝塚にもたらされたであろう情報は、最大限に見積って本州・四国・九州一帯という広大な範囲がその源だった可能性がある。隆起線文土器から多縄文土器に見られる情報の共通性は、ひいては当時日本列島に暮らした人びとの移動性の高さや生活情報の斉一性にもとづくものともいえるだろう。これは早期の押型文土器の時期においても基本的に同様だが、同じ押型文土器の枠内でも、近畿地方や中国・四国地方それぞれの個性が生まれてくる。さらに前期になると、鳥浜貝塚は近畿・山陰地方の土器の個性を表現する場になってくる。徐々に、日本列島内で土器を通じた情報の伝達に地域性ができてきたようだ。これは早期の条痕文土器・表裏縄文土器、前期の羽島下層Ⅰ式・清水ノ上Ⅰ式・諸磯式のような形で土器が出現する要因にもなり、鳥浜貝塚が情報と製品の拡がりの最前線になる機会を増やすことにもつながっていったようである。

　東西日本の地理的な中間地点にあり、遠距離間の水運の利用できる日本海に面しているという理由で偶然、鳥浜貝塚の人びとがそのような役割を担ったのか。それとも鳥浜貝塚の人びとの情報収集範囲が広いから、結果的に交流範囲を広くすることになったのか。そのいずれかを決めることはむずかしいが、筆者は両方の可能性があると考えている。

表2 鳥浜貝塚と富山県小竹貝塚の共通性

	鳥浜貝塚	小竹貝塚
時期	縄文時代草創期〜前期	縄文時代前期
遺跡内容	低湿地性貝塚・集落	低湿地性貝塚・集落
貝塚の種類	主に淡水性貝塚	主に汽水性貝塚
主な遺構	貝層、杭群、竪穴建物、礫床土坑、土坑、貯蔵穴	貝層、埋葬人骨、土器棺、埋葬犬骨、竪穴建物、焼土、土坑、集石、炭化物集中地点、土器集中地点、板敷遺構、杭
主な遺物	縄文土器、土製品、石製品、木製品、繊維製品、漆製品、骨角歯牙貝製品、動物遺体、植物遺体、糞石	縄文土器、土製品、石製品、木製品、繊維製品、樹皮製品、種実製品、漆製品、骨角歯牙貝製品、人骨、動物遺体、植物遺体、糞石
製作技術上特に共通する遺物	赤彩土器、漆付着土器、有孔円板、二等辺三角形の石匙、玦状耳飾り、膝柄の石斧柄、筒形三足器、2つの突起をもつ丸木舟、ペン先状骨製品・カンザシ状骨製品、多数の小孔をもつ垂飾状骨製品、組み合わせ式釣針、ニホンジカの胸骨加工品、穿孔したサメ類歯、貝輪、各種漆製品（象嵌のある漆製品等）、各種編組製品（結んだ縄等）	

(3) その他の遺物

　石器と土器は汎用性が高い道具であり、たいてい、どの縄文遺跡でも出土するものであるが、鳥浜貝塚で出土したその他の遺物は、保存条件に左右されるし、汎用性が低かったり地域性を示す情報に乏しかったりすることから、分布の議論に使われることはあまりない。つまり、当時の交流状況を詳しく知る手がかりとしては不十分なのである。たとえば、縄文時代前期後葉の富山県小竹貝塚からは、鳥浜貝塚のものと製作技術上共通する木製品（膝柄の石斧柄、筒形三足器や丸木舟等）、骨角歯牙貝製品（ヤス先や組み合わせ式釣針、各種の装身具類）、漆製品（象嵌のある漆製品等）、編組製品（結んだ縄等）等が出土しており、単体同士を比較すれば、同じ設計図にもとづいて作られたとしか思えないほど、よく似ているもの

が数多くある（表2）。小竹貝塚の調査を担当した町田賢一によれば、「そっくりで直線距離にして170km以上も離れているとは思えない」とのことである。しかし、それらが日本海側の特性なのか、日本列島の縄文時代前期共通の特徴であるのかが、限られた遺跡出土例からは断言しにくいのだ。石器や土器に限らず、その他の製品においても技術的交流が盛んであった結果、少なくとも福井県と富山県を含む日本海側のエリアでは詳細な製品情報がやりとりされていた、ということだろう。

このように、鳥浜貝塚に暮らした人びとの情報交流の範囲は、縄文時代草創期〜前期の約7,800年間において、変化しつつもつねに広い状態を保っていたと考えることができるだろう。特にその特徴として、情報や製品分布の最前線になっていたと考えられる時期がしばしばあり、そこが鳥浜貝塚の大きな特徴の1つといえる。

4　自然科学分析と歴史への位置づけ

鳥浜貝塚を舞台に、数々の自然科学分析が行われてきたことは、第5章で詳しく述べたい。ここでは、それらが鳥浜貝塚における縄文時代史にどのように位置づけられるかについて、見ていこう。

そもそも、自然科学分析とは、従来の肉眼による考古学的な観察だけでなく、種々の機器や方法論を用いて、科学的な数値として対象物の情報を引きだすための分析方法の1つと筆者は考えている。考古学的な観察や遺跡における情報があってはじめて、自然科学分析の効果が発揮されるのであり、その分析成果は考古学的情報として還元されなければならない。ここでは、鳥浜貝塚に関わる2つの事例を紹介したい。

(1) 花粉分析による古環境復元

　さて、鳥浜貝塚出土資料の自然科学分析のなかでも特にその成果が広く援用されているものとして、花粉分析がある。これには安田喜憲による一連の環境考古学研究があり、さらに水月湖年縞にもとづく古気候学研究という形に昇華している。水月湖年縞の全花粉分析結果の公表が待たれているが、ここではそれがどのような形で今後の鳥浜貝塚の歴史復元に役立つかについて述べたい。

　花粉分析の成果については第5章でも述べるが、その分析精度は遺跡における環境復元に大きく影響する。従来の花粉分析の単位は、数百～数千年間を単位としており、縄文土器1型式あたりの存続期間およそ30年間に比して、膨大な長さをもつものであった。その原因は、試料となる花粉を採取した地層の形成過程を詳細に復元することができず、正確にいつ堆積したものであるかを、土器型式存続期間以下の精度で特定できなかったことにあった。鳥浜貝塚から採取された花粉試料は、保存状態の良好な堆積状態であったにも関わらず、この従来からの課題に応えることができなかった。基本的に土器型式に対応、もしくはそれらをいくつか複合した期間での分析結果となったのである。花粉分析を通して復元することができるのは、周辺の植生における各樹種割合の遷移である。したがって、縄文時代草創期から前期の鳥浜貝塚で、ブナ林→ナラ・クリ林→照葉樹林→スギ林卓越の過程が定性的に復元できたことには、それなりに意義があった（表3）。

　これに対し、水月湖年縞は、従来の土器型式存続期間以下の花粉分析精度を可能にした（図19）。中川毅によれば、氷河期から縄文時代初期にあたる更新世の花粉分析精度はおよそ14～30年単位であり、これにともなう古気候復元も高い精度が期待できるのである。

表3 鳥浜貝塚における植生の変遷と文化要素の変化

考古年代		縄文時代				
		前期		早期	草創期	
土器編年		北白川下層Ⅰ・Ⅱ式	羽島下層Ⅱ式	押型文土器	多縄文系土器	
土器	種類・用途	器形	鉢 深鉢 浅鉢			
		彩り 漆塗				
		丹塗土器				
		煮沸用				
その他		石				
		黄				
技術の発達		漆をもちいて土器・木器のり用補修				
		編様み形				
工芸・装飾品	装飾品	漆塗骨製貝製				
		ペンダント髪				
		櫛ト飾輪				
	日用工芸品	漆編糸骨				
		塗 ・・				
		りみ紡縫				
		椀ス錘縄				
		・盆物釣針				
栽培植物		ヒリ ョョ ウク タト シン				
用具	木製品	石板小 ・ 斧型 ・楠棒弓				
	植物採集・加工具	石回磨擂石編 み み ・石か 石臼斧せ 皿石器斧こ				
生産用具	漁撈用具 漁	骨石土丸 製や木製 ・・櫂 スヤ銛銛舟網				
	狩猟用具	木 木製弓(蕪矢皮棺棒)を ま槍 い弓 撚				
遺跡・遺構		竪貝杭 穴住列の居配 家				
文化要素 森林の変化		スギ林の時代	照葉樹林の時代	ナラ・クリ林の時代	ブナ林の時代	
^{14}Cによる年代		5700年前	6500年前	10200年前		

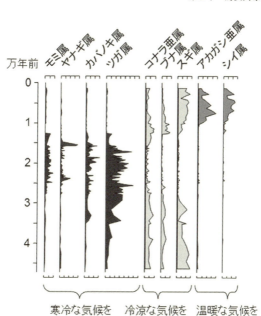

図19 三方湖・水月湖年縞堆積物から推定した古植生

　また中川は、モダンアナログ法とよばれる手法で花粉を用いた定量的な気候復元を行っている。これは、遺跡から得られた化石花粉群集と「もっともよく似た」表層花粉群集を、現代の表層花粉データセットから選び（これをベストモダンアナログとよぶ）、ベストモダンアナログが得られた地点における、現世の気候に見積もる方法である。表層花粉データセットとは、現在の地表に堆積しつつある花粉のパーセンテージ組成あるいは絶対量であり、どのような環境下でどのような花粉群集が形成されるかをまとめて構築されたデータベースのことである。モダンアナログ法を用いれば、未知の古気候を、既知の現世気候から類推して復元することが原理的に可

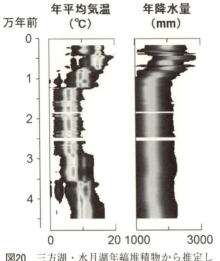

図20 三方湖・水月湖年縞堆積物から推定した古気候

能となり、年平均気温（℃）と年間降水量（mm）を数値化することができる。図20は三方湖および水月湖の堆積物から推定した過去45,000年間の古気候復元グラフである。それぞれ大きな誤差をともなっており、表層花粉データセットで復元できないほど、寒冷化が進んでいた可能性のある時期もあるが、日本列島で定量的に古気候が復元できた事例として重要である。

　将来的には、水月湖年縞から採取された土器型式存続期間以下の年代精度をもつ花粉試料と、モダンアナログ法とを組み合わせた古気候復元結果にもとづいて、鳥浜貝塚および周辺の縄文遺跡における気候変動と人間活動の関係について考察することが可能になるはずである。

　一例を挙げれば、鳥浜貝塚で地層の不整合（地層の上下が連続しないこと）が、縄文時代早期頃と前期末葉頃に観察されている。これは、それまで静かに堆積していた土層を削り取るような土砂災害が原因と想定できる。前者は、筆者の調査した隣接するユリ遺跡の早期頃の地層でも、山すそ部分の崩落堆積という形で確認されている。後者は、鳥浜貝塚の存続を放棄させるような大きなものであったと考えられ、その後の鳥浜貝塚は居住拠点としては利用されず、

前期末葉には北側の田井野貝塚に生活の場が移動している。縄文時代の人びとの生活形態を一変させるような大きな気候変動が、もしこの時期にあったとすれば、それは花粉分析による古気候復元から詳細に時期を特定できる可能性がある。また逆に、これ以後の時代に、同様の気候変動が復元結果から導かれる場合、それが遺跡から見た人間活動にどのように反映されているか、確かめることも不可能ではないだろう。その点で、古気候復元と、考古学との相互補完が今後、重要になると考えるのである。

(2) 実験考古学による縄文時代の技術復元

　古代の道具や技術を研究する際、机上で議論するのと、実際にその道具を復元し、厳密な条件のもと、使用実験で得た数値化されたデータを元に議論するのとでは、どちらが今後の研究にとってプラスになるだろうか。こうした問いかけに、実験考古学という手法で答えているのが、山田昌久である。山田は鳥浜貝塚で石斧柄等の木製品の分析を担当したことをきっかけに、日本における実験考古学の実践を進めている。これまでに復元石斧を用いた樹木の伐採実験・掘削実験、竪穴住居や木柱列の構築実験（住居については、焼失実験も岩手県一戸町教育委員会と共同で実施）、復元弓矢を用いた鏃の射出実験、編み物製作実験等を行ってきた。鳥浜貝塚については、丸木舟が出土していることから、原木の伐採から丸木舟の復元製作、乗船までを一貫して若狭三方縄文博物館とともに取り組んだ。

　丸木舟の復元は、2002年（平成14）7月から翌年9月にかけて、主に縄文ロマンパークを会場に実施された。原木は若狭町相田の山林所有者からご提供いただいたもので、胸高直径89cmのスギで

2. 復元石斧

1. 丸木舟原木のスギ　　　3. 伐採状況

図21　スギから復元する

あった（図21-1）。これを、鳥浜貝塚出土品をモデルに復元した膝柄の縦斧（柄はカエデ・アオハダ、石斧は蛇紋岩、固定紐はカラムシ［苧麻］）を使い（図21-2）、4日間（約21時間）かけて伐採に成功した（図21-3）。伐採された原木は、皮つきのまま縄文ロマンパークに運ばれ、主に首都大学東京考古学研究室（当時は東京都立大学考古学研究室）の皆さんの手で、樹皮の除去、白太（樹皮の下の白い材）の除去、丸太半分の除去、外形の荒削り、内面の刳りぬき、試験進水、調整加工、焦がしと磨りによる最終加工の順に作業が進められた（図22-1）。研究室の皆さんは主に夏休みと春休みを使い、1年間以上の時間をかけて鳥浜貝塚1号丸木舟の復元品を完成させてくれた。加工には主に出土品をモデルにした膝柄の横斧（大型および小型。柄はツバキ・アオハダ・カシ、石斧は蛇紋

岩、固定紐はカラムシ）を使い、縦斧も使われた。復元丸木舟は、みごと鰣川に進水し、最大6名の乗船と、最大時速20kmにおよぶ使用に耐えた。完成後の2003年（平成15）秋、縄文ロマンパークで行われた三方町制50周年を記念した縄文まつりの場で、この舟はお披露目された。若狭三方縄文博物館館長の梅原猛氏と、鳥浜貝塚発掘調査当時に三方湖を訪れ、復元丸木舟の船長を務めた

1．製作状況

2．復元丸木舟進水式

図22　丸木舟の復元

岡本太郎の養女・故岡本敏子氏を乗せて、進水式も挙行された（図22-2）。

さて、この実験考古学で確かめられたことがいくつかあった。まず、丸木舟の削りの工程だが、アイヌやカリフォルニア先住民の民族誌にあるような火で焦がしながら削るという製作方法は、少なくとも本実験では妥当ではなかった。なぜならば、石斧で木材を容易に加工できるのは、木材が水分を十分に含んでいる段階であり、乾燥して硬くなった木材は石斧を弾いてしまうからである。実際、1

年にもおよぶ製作期間中に原木のスギは乾燥してしまい、水を含ませた布等で保湿していたものの、製作期間後半の加工は前半にくらべて容易ではなかった。試しに焼けた石を製作中の丸木舟の上において舟体を焦がしてみたが、面的に焦がすには至らず、効率が悪いということも判明した。鳥浜貝塚や隣接するユリ遺跡出土丸木舟の表面には明らかな焦げ跡が観察されているが、これは成形中のものではなく、仕上げに焦がして最終加工した痕跡の可能性が高い。実験でも、石斧で丸木舟表面にできた「ささくれ」を取り除くには効果的であることがわかった。

また、丸木舟の製作にかかる時間を数値化すると、原木の伐採に約21時間（1名ずつ交代で従事）、樹皮の除去に約20分（2名従事）、白太の除去に約38時間（1～2名従事）、丸太半分の除去に約42時間（1～2名従事）、外形の荒削りに約17時間（2名従事）、内面の刳りぬきに約122時間（1～4名従事）、調整加工に約17時間（4名従事）、焦がしと磨りによる最終加工に約11時間（4～5名従事）であった。これを延べ日数にすると42日間になり、丸木舟製作の労力を数値情報として残すことができた。これは今後、丸木舟製作に関わる議論をする際、大きな意味をもつデータになると考えられる。

5　鳥浜貝塚のその後

(1) 縄文時代前期以降の周辺遺跡の概要

本章の最後に、縄文時代前期以降における鳥浜貝塚の周辺で営まれた主な人間活動について紹介したい。鰣川流域平野および三方五湖周辺で、鳥浜貝塚と一時期併存するのは市港遺跡（早期）、ユリ

遺跡(早期・前期)、田井野貝塚(早期・前期)である。いずれも散布地だが、鳥浜貝塚から見えるほど近距離にあり、キャンプ地の可能性もある。鳥浜貝塚から少し離れた場所にある理由はいくつか考えられるが、なんらかの理由で鳥浜貝塚に住めなくなった場合、これらの遺跡に拠点を移していた可能性もある。たとえば田井野貝塚のみ、鳥浜貝塚では出土しない前期末葉の大歳山式土器が出土してお

図23 北寺遺跡の竪穴住居跡

り、前期末葉頃に土砂災害で打撃を受けた鳥浜貝塚から、一時的に避難していた可能性がある。

　縄文時代中期以降晩期まで、鳥浜貝塚ではわずかな土器片が散見されるだけの散布地になり、もう居住拠点として利用されてはいなかったらしい。前期末葉の田井野貝塚以後、中期初頭船元式の時期には、西側のユリ遺跡、さらに約1.5km南西側の北寺遺跡に拠点が移動している。北寺遺跡では掘り込みが浅い竪穴住居跡もあり、本格的な集落として再出発したと見てもよい(図23)。そして中期末葉から後期初頭になると、ユリ遺跡と北寺遺跡の双方に住居跡が見つかるので、2つの集落が同時ないし交互に利用されていたようだが、細かく時期が特定できないので、今のところそのどちらかはわからない。少なくとも、キャンプ地を転々と移動するだけの不安

図24 藤井遺跡の石囲炉

定な生活ではなかっただろう。一方で、この時期は市港遺跡、牛屋遺跡、仏浦遺跡、五十八遺跡、タジリ遺跡、竜沢寺遺跡といった散布地も多く、居住拠点＋キャンプ地といった、遺跡利用が多様化しはじめる時期なのだろう。

　後期前葉になると、鰡川の東岸側にあたる藤井遺跡に石囲炉が出現する（図24）。同じ形態の炉が北寺遺跡からも複数出土し、土器の時期も重なる部分が多い。藤井、北寺、ユリ遺跡とあわせて、この時期には少なくとも3つの拠点があったようである。特にユリ遺跡では、後述のように後期および晩期の丸木舟が9艘出土しており、鳥浜貝塚2号丸木舟（後期以降）とあわせて、対岸や周辺の集落への移動にも問題はなかったと考えられる。

　晩期以降、ユリ遺跡と鳥浜貝塚の南東側の江跨遺跡から遺物が少々出土しているが、晩期後半のまとまった資料は、分水嶺を越えて南西約6kmにある曽根田遺跡に見られる。曽根田遺跡は鳥羽川水系に位置する縄文時代から鎌倉時代の長期複合集落遺跡であり、さらには現代の集落も近くに存在する。

(2) 縄文時代中期以降の三方五湖周辺の人間活動

　鳥浜貝塚の縄文時代草創期から前期における人間活動は前述したとおりであるが、同じ縄文時代とはいえ、中期以降晩期までの活動は質的に異なる部分もある。以下にその例をいくつか紹介しよう。

鳥浜貝塚では、祭祀に関わる遺物の出土がなく、強いていうならば田中祐二が報告した石棒様石製品が唯一のものである。一方、中期末葉以後、石棒が三方五湖周辺に導入される。北寺遺跡と藤井遺跡では大型の石棒が複数出土しており、北寺遺跡では東北地方にその起源をもつ石刀形木製品や、独鈷石が出土した。これらの遺物は祭祀に関係があるとさ

図25 ユリ遺跡の柄鏡形平地住居跡

図26 北寺遺跡の底部穿孔埋設土器

れ、総じて東日本の物質文化との共通性が高く、同じくそちら方面から導入されたと考えられる底部穿孔埋設土器も両遺跡で出土した。遺構では、入口部分に小型のピットをもつ柄鏡形平地住居跡がユリ遺跡（中期末葉～後期初頭）（図25）と北寺遺跡（後期前葉）とで各1軒出土している。このうち北寺遺跡の平地住居跡入口部分には、底部穿孔された深鉢と浅鉢が各1点埋設されており（図26）、これら東日本に由来する遺物・遺構の形態は、おそらくセットで三方五湖方面に導入されたのだろう。それらを受容した際に拠点となっていた場所が、鳥浜貝塚より南西ないし南東に位置するユリ、北寺、藤井の3遺跡だったのである。

そもそも、縄文時代草創期以来、当地方は各地域からの物質文化の流入に対してつねに開かれた場所であり、地理的にその最前線になることがあったことは、土器から見た交流の範囲の節でも述べた通りである。鳥浜貝塚全盛の頃と大きく異なるのは、草創期〜前期には、主に近畿・山陰・東海地方由来の物質文化の最前線となることが多かったのに対し、中期以降は東日本の物質文化の最前線になる場合が追加されたことである。上記のうち、埋設土器をともなう柄鏡形住居跡はその好例である。ただし例外として考えられるのが土偶であり、管見によると福井県内では鯖江市下新庄遺跡出土例がその西限である。若狭地方を越えて丹後半島側では土偶の出土例があるので、単に未発見なのかもしれない。しかし中後期に拠点として機能していたユリ遺跡、北寺遺跡、藤井遺跡、あるいは晩期の曽根田遺跡でも未発見なので、土偶を用いる文化のみ導入されなかったのか、興味深いところである。

　三方五湖周辺の縄文文化を特徴づける、もう1つの例としては丸木舟が挙げられる。日本列島では120を超える丸木舟の出土例があるが、そのうち鳥浜貝塚・ユリ遺跡でこれまでに計11艘の出土例が知られている（図27）。縄文時代前期の鳥浜貝塚1号丸木舟（口絵5・7）は、最大内深が21cmであり、無理なく海での漕艇が可能な大きさをもつ。一方、鳥浜貝塚2号およびユリ遺跡1〜9号丸木舟は縄文時代後期・晩期に属し、いずれも深さが浅く、海での利用というよりは湖や川といった内水面限定での利用を想定できる。なかにはユリ遺跡4号、5号丸木舟のように、平底で横断面が逆台形になる形態のものもある。これらは調査者の田辺常博や清水孝之によれば、浅い川底やヒシの繁茂した湖面を航行するための工夫とされるものである。

第2章　鳥浜貝塚の特性　51

1．鳥浜貝塚　2号丸木舟

2．ユリ遺跡　1号丸木舟

3．ユリ遺跡　4号丸木舟

4．ユリ遺跡　5号丸木舟

図27　さまざまな丸木舟

図28 鳥浜貝塚からの水域移動想定

　こうした形態上の差異は、縄文時代後晩期に丸木舟を用いて海域まで出る必要がなくなったわけではなく、単に海用の舟が残存していない、もしくは未発見であることが理由だろう。つまり、万能型で海まで出られる舟をつくった縄文時代前期に対し、後晩期は海専用・内水面専用と、丸木舟をつくり分けていた可能性があるのだ。

　筆者は以前、鳥浜貝塚の人びとの漁撈域を想定したことがある。三方湖から古気山川を経由して久々子湖に至り、当時内湾だった久々子湖から若狭湾に至るルートとは別に、三方湖から水月湖を経由し、そこで舟を降りて峠（標高約80m）を徒歩で越え、別の丸木舟で若狭湾に出た可能性である（図28）。前者を東まわり、後者を西まわりルートとすると、西まわりルートは、鳥浜貝塚周辺を出発地点として、三方湖西岸の田井野貝塚付近、水月湖北岸の五十八遺跡付近、海に出て常神半島先端付近のタジリ遺跡付近と、いくつか

の経由地を設定することも可能である。五十八遺跡およびタジリ遺跡は縄文時代中期後葉の所産であるから、もちろん陸路で尾根伝いに渡った可能性もあるものの、舟を用いた西まわりルートは中期時点で完成していたと考えることもできる。一方、舟を用いた東まわりルートの場合、鳥浜貝塚周辺→三方湖東岸の市港遺跡→久々子湖南西岸の芋遺跡もしくは東岸の竜沢寺遺跡がその寄港地として想定できるだろう。東まわりルートも出土遺物の上では、中期ないし後期には開通していても問題はない。将来的に、丹後半島の内湾に位置する京都府浦入遺跡出土例のような海専用丸木舟が、ここで述べた西まわりルート・東まわりルートのどこかで発見されるかもしれない。

(3) 東日本・西日本からの物質文化受容をめぐって

　関東・中部地方では縄文時代中期末葉から後期初頭にかけて遺跡数の減少する時期があり、文化的にも停滞する時期といわれているが、三方五湖周辺や若狭地方では逆に遺跡数が増加し、縄文時代で最も遺跡数の多くなる時期である（図29）。中期後葉に集落遺跡が急増し、さらに後期前葉にそれぞれの居住集団の規模が拡大するという傾向は、関西地方とその周辺で広く認められることを、瀬口眞司が指摘している。この時期以降に多数の丸木舟を擁するユリ遺跡、東日本の物質文化を受容した遺構・遺物をもつ北寺遺跡・藤井遺跡が拠点集落となることには、1つのストーリーを描いて説明することも可能だろう。つまり、縄文時代草創期～前期（鳥浜貝塚全盛の時期）までは土器型式上、一時期に一集落程度しかなかった三方五湖周辺域に、中期末葉以後、東日本の物質文化を携えた人びとが、ある種の移民のような形で流入し、その結果、ユリ遺跡、北寺

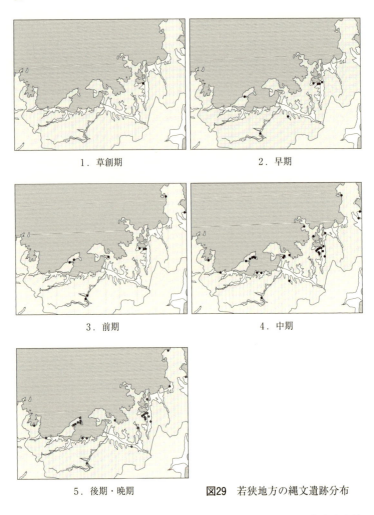

1. 草創期
2. 早期
3. 前期
4. 中期
5. 後期・晩期

図29 若狭地方の縄文遺跡分布

遺跡、藤井遺跡が形成されたというものである。これは遺跡出土資料を合理的に説明するための、あくまでストーリーであり、その検証にはさらなる手順が必要である。だが、霧ケ峰産黒曜石や土器を通じて東日本とかねてから交流があり、物質文化の最前線であっ

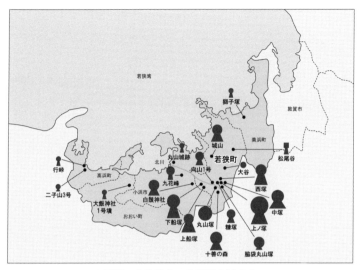

図30 若狭地方の首長級古墳分布

鳥浜貝塚周辺域は、東日本の縄文人たちから見た場合の移住候補地として適した条件を備えていたのではないだろうか。

　一方、西日本からの物質文化流入としては、九州の弥生時代早期に対応する縄文時代晩期の突帯文土器がユリ遺跡や曽根田遺跡で出土し、本州での稲作開始の指標ともいわれる弥生時代前期の遠賀川式土器が鳥浜貝塚の南約1.5kmの田名遺跡や水月湖畔の五十八遺跡で破片ながら出土している。また弥生時代中期の牛屋遺跡で石包丁、同後期の江跨遺跡で鍬や鋤、高床倉庫にも使われる梯子等が出土している。これらは地域一帯としてみれば、人口や集落の断絶がほぼ見られないともいえるし、縄文文化から弥生文化への移行が比較的スムーズに進んでいた証しであろう。さらに古墳時代以降、若狭地方には前方後円墳を主とする首長墳が継続してつくられ、土器製塩による塩や海産物を調として都に納める御食国としての地位を

確立していく(図30)。当時、朝鮮半島や中国大陸への玄関口であった地理的位置が、古代以降の若狭の発展に寄与していくのである。

　縄文時代草創期にはじまる鳥浜貝塚およびその周辺域の物質文化は、少なくとも古代以降も停滞を見せず、若狭地方全体として発展継続していくといえる。

第3章　調査の経過

　本章から第5章までは、調査史や調査結果をいわばデータベースとして網羅的に記述していく。まず、ここでは鳥浜貝塚がどのようにして発見され、調査されたのかを具体的に見ていこう。調査の経過については『鳥浜貝塚―縄文人のタイムカプセル―』（森川昌和著、未来社）に詳しいので、主にそれに拠って記述したい。

1　調査に至る経緯と第1次・第2次調査

　鳥浜貝塚が世に知られる以前の1925〜29年（大正14〜昭和4）、しばしば水害を起こす鰣川の流路付け替えと拡幅工事が行われた。当時の鰣川は鳥浜集落の内部を流れていたが、これを高瀬川に接続する際に川底が掘り下げられ、現在の合流地点付近から多量の土器片が出土した、とされている。森川の前掲書によれば「土器の出る川」とよばれていたそうである（図31）。

　1961年（昭和36）、全国の貝塚出土資料の集成をしていた酒詰仲男（当時同志社大学教授）と石部正志（当時同志社大学院生）らに、地元郷土史家の今井長太郎から鳥浜貝塚の情報が寄せられた。そこで石部と今井らによる川底からの土器採集と学会誌への報告が、同年7月に行われた。鳥浜貝塚が学界に紹介された最初のできごとである。

　1962年（昭和37）2月、当時立教大学生であった森川昌和が、前

図31 土器の出る川・鰣川（1962年）

図32 鳥浜貝塚第1次発掘調査（1962年）

年の水害で両岸がえぐられた高瀬川の復旧工事現場で、川底から揚げられた土砂に貝殻や動物骨、土器片が混ざっているのを発見した。縄文時代の貝塚だと直感した森川は、恩師である岡本勇（当時立教大学助教授）に土器や種子類を郵送した。岡本からこの貝塚の観察記録をするよう激励された森川は、土器、石器、骨角器等の遺物を表面採取した。

同年7月、遺跡の現地に揚水ポンプ場が建設されることがわかり、工事に先立って、中川成夫（当時立教大学助教授）を代表とする立教大学と、酒詰を代表とする同志社大学の共同調査が実施された。これが鳥浜貝塚第1次発掘調査であり、標高0m以下に厚さ2m以上の縄文文化層があることが確認された（図32・35-1）。縄文時代前期後葉の北白川下層式が、型式ごとに層序をなしており、遺跡自体の保存状態が良好であることがわかった。土器や石器だけでなく、骨角貝器、杭群（図33）や編み物などの植物質遺物も多く出土した。また、動物骨、種子、木材樹種同定

も実施され、以後の学際的研究の出発点になるとともに、全国に先駆けた低湿地遺跡の多角的な発掘調査であった。翌年には日本考古学協会での口頭発表や森川の論文発表があり、その潜在的価値が、少しずつ世に知られていくことになった。以後、第10次発掘調査に至るまで、毎次新たな発見を重ねた鳥浜貝塚であるが、各次の調査について見ていこう。

図33　貝層から顔を出した杭（1975年）

図34　鳥浜貝塚第2次発掘調査（1963年）

1963年（昭和38）8月、立教大学主体の第2次発掘調査が実施され、縄文時代前期中葉の羽島下層式土器のまとまった出土や、種子層と魚骨層が整然と分かれる季節的な堆積の様子が観察された（図34・35-2）。縄文時代早期中葉の押型文土器も出土した。一方で、鰣川の水を上流の水田に送る揚水ポンプ場の工事も進行していたため、かなりの量の遺物が散乱するような状況であった。当時は工事の原因者が費用負担する発掘調査という考え方がなく、貴重な埋蔵文化財を保護し、後世に伝えるような意識は一般的に希薄だった。遺跡は開発にともなって破壊されることが多かったが、次に述べる

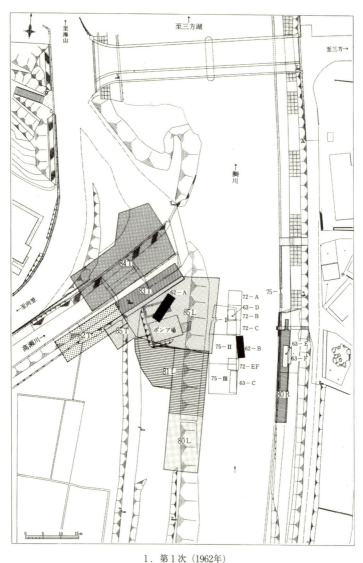

1. 第1次 (1962年)

図35 鳥浜貝塚調査区 (黒で塗りつぶした部分が当該期の調査区)

第3章 調査の経過 *61*

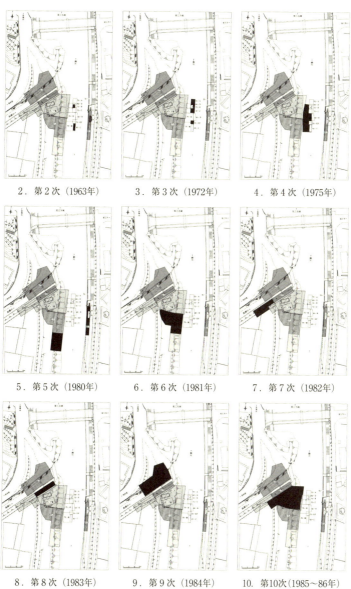

2. 第2次（1963年）　　3. 第3次（1972年）　　4. 第4次（1975年）

5. 第5次（1980年）　　6. 第6次（1981年）　　7. 第7次（1982年）

8. 第8次（1983年）　　9. 第9次（1984年）　　10. 第10次（1985〜86年）

第3次発掘調査は、鰣川の河川改修工事にともなって計画されたものである。

2 第3次調査以降

 1972年（昭和47）3月から4月にかけて、福井県教育委員会主体の第3次発掘調査が実施された（図35-3）。ただし、実際の調査に当たったのは、4年前に発足したばかりの若狭考古学研究会で、地元鳥浜出身の上野晃をはじめとする研究会のメンバーや大学生、高校生によるボランティアであった。第3次調査は、第2次調査で検出できなかった縄文時代早期中葉の押型文土器の層を確認し、さらにその下層から草創期後半の多縄文土器を検出した。調査成果は学会誌を通じて公表され、1973年（昭和48）には文化庁補助による範囲確認ボーリング調査も実施された。それによると、貝塚は南北100m、東西半径約60mの範囲に拡がり、鰣川本流の東側にも残存していることが判明した（図36）。

 1974年（昭和49）6月、引きつづき実施されていた鰣川の河川改修工事中に、鳥浜貝塚の一部が破壊されるという事件があった。これは、水害を防ぐために河川の拡幅や護岸を施工する工事中に、遺物を含む貝層部分を重機で削り取ってしまったというものだった。上野による破壊現場の発見と抗議がきっかけで、埋蔵文化財を保護しようという世論が高まり、「工事に先立つ発掘調査を優先する」という基本事項が開発側と保護側で合意された。「発掘調査は長期計画を立てて実施、河川改修はこれにもとづいて行う」との方針が確立されたのである。

 1975年（昭和50）7月〜10月、福井県教育委員会を主体とする本

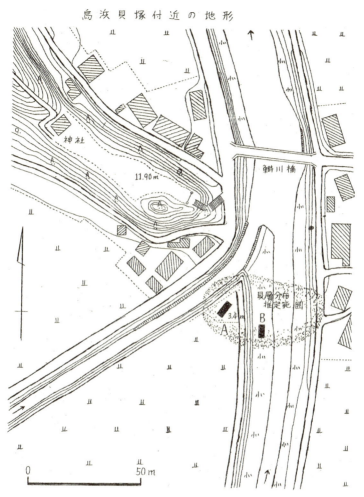

図36 鳥浜貝塚ボーリング調査による貝層範囲（1973年）

格的な第4次発掘調査が実施された（図35-4）。第3次調査までは、川沿いの湿地に深さ5mを超えるトレンチ（試掘坑）を掘り、水をバケツやエンジンポンプで抜きながら調査する方式であり、つ

図37 ポンプで調査区の水を抜く（1972年）

図38 ベルトコンベアで運ばれる土砂（1975年）

ねに湧水に悩まされる危険なものであった（図37）。これを改善するために、高さ6.5mの鋼矢板を調査区の壁面に打ち込み、24時間稼働のポンプで排水、さらにベルトコンベアで排土するという新しい方式が考案された（図38）。近年の低湿地遺跡の発掘調査では常識とされるような、能率的な調査方法の嚆矢ともいえる。

さらに調査体制も刷新され、自然科学を専門とする研究者を迎えて学際的な共同調査がスタートした。土器や石器といった従来の考古学で対象とした遺物だけでなく、動植物遺体、花粉、木製品、放射性炭素年代測定、糞石、プラントオパール、珪藻、木材樹種、昆虫遺体、火山灰、石材産地等を分析対象とした。画期的だったのは、調査が終了してから各分野の研究者に分析を依頼するのではなく、調査途中から現場に研究者が出入りして調査に参加していたことである。肉眼で識別できない細かな遺物を採集するために、細かなフルイで土壌を水洗する方法も初めて導入された（図39）。これらは、以後の低湿地遺跡における発掘調査に

大きな影響を与えることになり、いわゆる「環境考古学」のモデルケースとして鳥浜貝塚が紹介されるきっかけとなった。一方、新聞やテレビによる報道もなされ、全国的に鳥浜貝塚の情報が発信された調査となった。

図39　フルイで土壌を水洗する（1975年）

1979年（昭和54）、鳥浜貝塚の発掘調査成果をまとめた報告書『鳥浜貝塚―縄文前期を主とする低湿地遺跡の調査―』の第1巻が刊行された。第4次調査を中心に、これまでの発掘調査で得られた主な遺物の図面・写真・事実記載のほか、各種自然科学分析の成果も掲載された内容の濃い報告書であった。これらは今日の低湿地遺跡や貝塚遺跡の発掘調査報告書では必須とされるような項目であるが、当時としては画期的な構成であったことは高く評価されるものである。この時点での出土遺物量は、土器片55,000点、木製品60リットル水槽に70箱、石器類1,000点、土製品20点、骨角器類200点のほか、多量の動植物遺体や種子類などがあった。

1980年（昭和55）、中断していた鰣川の河川改修工事が再開されることになり、7月〜12月にかけて第5次発掘調査が実施された。以後、1985年まで毎年度、福井県教育委員会を主体とした発掘調査が実施された（図35-5）。

第5次調査からは、調査区を鰣川と区切る鋼矢板に横梁と支柱が加わり、排水の問題も解決したため調査精度が向上した（図40）。また共同研究の統一テーマ「生業を中心とした生活の復元」が西田

図40 鉄骨の下で働く調査員（1980年）

正規（当時京都大学）によって提案され、個別の自然科学的分析を1つに統合して考察することが期待された。個々の調査方法の工夫は、前掲の森川の著書から引用すると下記の通りである。

①食べ残しや動植物の遺体も、人工遺物と同等な価値を認め、自然遺物として取り扱う。

②食べ残しから各種食料の質や量、季節性、道具との関係などを地層と照らして明らかにする。

③土器型式と対応する石器の組成を明らかにする。またフレーク・チップ（石片）類もすべて取り上げて、石器加工技術復元の資料とする。

④遺跡の形成過程の解明。

⑤前回検出した火山灰層を確認し、押型文土器と火山灰との関係を明らかにする。

⑥草創期から前期におよぶ連続的な堆積層を検出して、年代測定、花粉分析、木材判定などを行う。

第5次調査以降、毎年度調査の成果は表4の通りである。第6次調査で1号丸木舟（図41、35-6）、第7次調査で木製柄付きヤス、第8次調査で縄文時代草創期爪形文・押圧文土器、第9次調査で縄文時代前期の竪穴住居、貯蔵穴群および草創期の隆起線文土器、第10次調査で漆塗り糸と、まさに毎年、新しい発見が続出した。全国

表4　鳥浜貝塚の主な発掘調査成果一覧

年次	調査内容と主要な成果
第1次	1962年7月。縄文前期の北白川下層式土器群の型式細分化が層序で確認された。主要遺物：杭群、編み物、小型弓。調査箇所：A、Bトレンチ。立教大学・同志社大学の合同調査。
第2次	1963年8月。縄文前期羽島下層Ⅱ式土器の検出。縄文前期の層序に季節の可能性が判明（種子層と魚骨層）。主要遺物：杭群、櫂、オオヤマネコ。調査箇所：C、D、E、Fトレンチ。立教大学の調査。
第3次	1972年3～4月。縄文早期・草創期の低湿地遺跡が下層に残ることを確認し、多縄文土器とそれに伴う木製品多数検出。主要遺物：桜の皮を巻いた弓、漆塗り盆、石斧柄。調査箇所：A、B、Cグリッド。若狭考古学研究会の調査。
	1973年。範囲確認調査のボーリングを行う。福井県教育委員会の調査。以後第10次まですべて福井県教育委員会が担当。
第4次	1975年7～10月。初めて調査区を鋼矢板で囲んで調査。自然科学研究者の参加で学際的調査を開始（ヒョウタン、リョクトウの存在）。主要遺物：刻歯式赤色漆塗り櫛、石斧柄、糞石、縄、編み物。調査箇所：75-Ⅰ、Ⅱ、Ⅲ区。
第5次	1980年7～12月。「生業活動の復元」という共通の研究テーマ設定。三方火山灰とアカホヤ火山灰層の確認をする。大規模な土の水洗選別を実施。主要遺物：糸のかたまり、エゴマ、シソの種子。調査箇所：80R、80L。
第6次	1981年6～11月。縄文前期のほぼ完全な1号丸木舟が出土。草創期の多縄文土器に伴ってヒョウタン果皮出土。主要遺物：真珠、高台付き容器類、ゴボウの種子。調査箇所：81L。
第7次	1982年7～11月。高瀬川右岸で遺跡の表土層からの発掘を実施。三方町郷土資料館および福井県立若狭歴史民俗資料館オープン。主要遺物：2号丸木舟、木製柄付きヤス、大麻の種子。調査箇所：82T。
第8次	1983年7～11月。縄文草創期の爪形文・押圧文土器に伴う層の確認より年代が古くなる。主要遺物：しゃもじ、木槌状木製品、ヤシの実。調査箇所：83T。
第9次	1984年7～12月。縄文前期の竪穴住居跡と貯蔵穴群が検出される。草創期の隆起線文土器の確認。主要遺物：彫刻入りの木製容器類、ベンガラ塗り土器。調査箇所：84T。
第10次	1985年7月～1986年1月。本貝塚の最終調査。貝層の中に自然貝層のあることが判明。主要遺物：漆塗り糸、スコップ状木製品、縄類。調査箇所：85L。

1. 箱に納めた1号丸木舟を見下ろす

2. クレーンで吊り上げられた1号丸木舟

3. 1号丸木舟を箱から取り出す
図41 1号丸木舟の出土（1980年）

的に見ても非常に貴重な成果といえる（図35-7～10）。

以上、約四半世紀、10次にわたる発掘調査の成果の概要は、7巻にわたる発掘調査報告書にまとめられている。前例のない豊富な情報をもつ低湿地性貝塚に、画期的な方法と目的意識で挑んだ先人たちの姿勢には深い敬意を払いたい。では、どのような遺構・遺物が出土し、これまでにどのようなことがわかってきたのかを、次章で見ていこう。

第4章　発掘成果1：遺構

1　生活に関わる遺構

　鳥浜貝塚は、その立地に特徴がある。すなわち標高0m以下の低湿地性の貝塚であり、現在の川底に遺物が埋没していることである。なぜこのような場所から遺物が出土するのだろうか。

　第9次調査で、縄文時代前期に属する竪穴住居跡3軒と貯蔵穴5基、その他の土坑等の遺構が初めて出土した。これらは貝層や遺物が深い場所から多く出土する遺跡東側ではなく、西側の椎山丘陵のふもとに近い場所につくられている。つまり、縄文人は比較的標高

図42　縄文時代前期の鳥浜貝塚の想像図

図43 竪穴住居跡など
の遺構 (1984年)

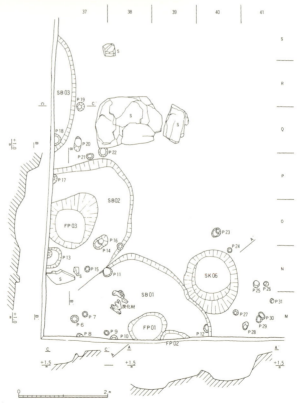

図44 竪穴住居跡などの遺構分布図

の高い丘陵裾の狭い平地を選んで居住していたということである。第2章でも述べたが、当時の鳥浜貝塚周辺は現在の三方湖よりも奥まった位置まで湖が拡大しており、湖に突き出した岬の先端に当たるような場所に住居がつくられ、そこから湖に向けて不要物が投棄されていたようだ（図42）。廃棄物である遺物は、湖岸にできる傾斜した土層のなかに含まれているのである。

(1) **住居跡**

では、それら遺構の詳細について見てみよう。竪穴住居跡の大きさは、1号住居跡（SB01）が一辺2.5〜2.8mの隅丸方形、2号住居跡（SB02）が直径3.2m、短径2.4m前後の不整円形ないし不整楕円形、3号住居跡（SB03）が一辺2.6mの隅丸方形と報告されている（図43・44）。これらは平均的な縄文時代の竪穴住居（一辺4〜5mとすれば、16〜25m^2）とくらべてかなり小型であり（図45）、ちょうど四畳半の部屋と同じくらいの広さである。いずれの住居跡も完全な形で出土していないので、その一部分から全体形を

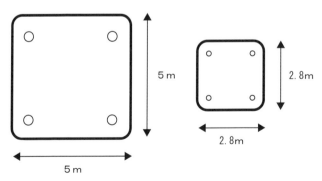

平均的な縄文時代の竪穴住居　　　　鳥浜貝塚の竪穴住居

図45 平均的な縄文時代の竪穴住居と鳥浜貝塚の竪穴住居

図46 火を焚いた炉跡 (1984年)

復元しているのだが、これ以上の広さになることはないと思われる。

一般的な竪穴住居跡の構造は、4〜6本程度の主柱穴を住居のやや中央寄りにもつものと、竪穴の壁面近くに数本の壁柱穴をもつものとに分けられるが、鳥浜貝塚の住居はいずれも後者のようである。壁柱穴の直径は図面で見る限り20cm前後と小さく、それに立てられた柱そのものの直径はさらに細い15cm前後であったと思われる。さらに、壁柱穴の基数は図面からは3ないし4基に復元できる。直径15cm前後の細い柱4本程度で支えられる上屋構造（屋根）は、かなり簡素なものであったといわざるをえない。

さらに竪穴住居跡の深さは、約30cm程度であり、周囲の土層が削られて多少浅くなっていることを考慮しても、あまり深いとはいえない。竪穴の横断面が垂直に立ち上がるのではなく、ゆるく傾斜しながら立ち上がっているのも、深く構築しようという意図がなかったことの現れなのではないだろうか。

1号、2号住居跡の中央付近には、それぞれ地面を掘りくぼめただけの炉（地床炉）と角礫を置く礫床土坑炉がつくられていた（図46）。後者は、角礫を敷いて炉床面を整えた上に塊石を置く入念なものであるが、いずれの炉の形も不整形で規格性に乏しいものである。長径1m前後の大きな穴が、四畳半の広さしかない住居の真ん中にある様子を想像してみよう。住んでいた人数にもよるが、そ

のなかでの生活はかなり窮屈なものだったのではないだろうか。

(2) 貯蔵穴

　住居跡のすぐ近くには、上部が削られていたものの、多量のドングリを含む貯蔵穴が残されていた（図47・48）。大きさには2種類あり、径40cm前後で円形のSK01、02と、径1m超で不整形のSK03〜05があった。

　この貯蔵穴には、ドングリのみで、遺跡の他の場所で多量に出土したクルミ、クリ、シイ、カヤがいっさい含まれていなかった。鳥浜貝塚でドングリ類とされるのは、スダジイ以外ではアカガシ、ツクバネガシ、ウラジロガシといったブナ科の堅果類である。アク抜きをして食べられるようにするために、1カ所に集めておかれたものだろう。

図47　ドングリ類の詰まった貯蔵穴

　なお、このほかに2号住居跡の炉と同じ形態のSK06が、1号住居跡と相前後してつくられている。周辺に小さな土坑が9基あり、これが柱穴だとする

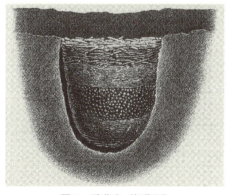
図48　貯蔵穴（想像図）

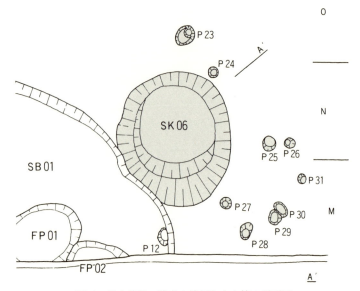

図49 縄文前期の礫床土抗炉と小土抗の平面図

と、2号住居跡のような竪穴住居があったところが削られて、SK06と柱穴の一部のみが残った可能性もある。そうだとすれば、鳥浜貝塚の竪穴住居跡は4軒出土したということになる（図49）。

2 杭群について

鳥浜貝塚では、上記の住居跡のような乾いた場所ではなく、当時の水際に接しているような場所から、多数の杭群が見つかっている。どのように機能していたのかが、よくわからないものもあるのだが、本章で解説しておきたい。

杭群は、縄文時代草創期、早期以前、前期のものに分けられる。草創期、早期以前の杭群は、直径が5cm内外の細いものが多数打

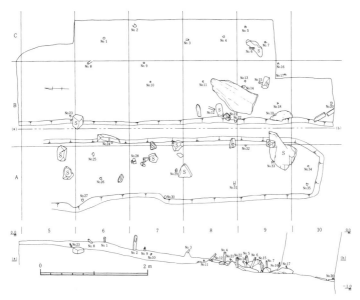

図50 80R杭群分布図

ち込まれている状態で見つかった。杭の先端には明瞭に加工された痕跡があるものの、配置に規則性を見出せないので、その設置目的はよくわからない（図50）。

　一方、前期の杭群には、平行する列や直交する列、弧状の列などが見られる（図51）。杭の直径も5〜20cm前後と幅があり、竪穴住居の柱に匹敵するような頑丈なものや、深く打ち込まれているものも見られる。報告書では、「住居様の遺構」として検討してみる必要があるとされており、水際に竪穴住居ではない方式（掘立柱式）で建てられた建物の可能性もあるだろう。直径3m程度の円弧になっている部分もあり、大きさを復元すると、先程見た竪穴住居跡とほぼ同じくらいになる。

　第2章でも触れたが、鳥浜貝塚は縄文時代前期末に洪水性の堆積

図51　縄文前期　85L 杭群分布図

物で覆われており、さらにその後、土石流を思わせる砂礫と多数の流木が遺跡の表面を削るように堆積している。この大きな災害の後、遺物の出土量は激減し、ほぼ鳥浜貝塚での生活の痕跡がなくなるのだが、なおも多数の杭群が構築されていることが興味深い。

細々と、この場所を利用する人たちもいたのだろうか。

3　遺構にみる鳥浜貝塚

　以上、鳥浜貝塚の遺構について述べてきたが、貝塚の規模や縄文時代前期中葉から後葉という存続期間にくらべて、住居跡の軒数が少なく、人間の構築物という面ではかなり小規模な遺跡であったといえる。ただし、椎山丘陵の南裾部分には、現代の住宅や道路があり、かつての生活面が大きく削られている可能性が高いので、発見されぬまま失われた住居跡もあったかもしれない。

　発見された複数の住居跡は、炉の形態が異なり、一方が一方に重なるようにしてつくられていることから、3ないし4軒が同時期に存在していたわけではない。また杭群が住居跡の一部だとすれば、少しずつ場所をずらしながら何世代にもわたって貝塚の場所を利用していた可能性が高い。貯蔵穴の形態が2種類あることも、つくられた時期による差だったのかもしれない。

　それでは、何世代にもわたって鳥浜貝塚を利用したであろう縄文人たちは、どのようなものをつくり、使っていたのかを次章で見ていこう。

第5章 発掘成果2：遺物

　鳥浜貝塚の出土遺物を語る際、その優先順位について決めることはたいへんむずかしい。なぜなら、縄文遺跡の代表的な遺物である土器・石器類だけでも相当な量・研究成果があるにもかかわらず、希少な木製品・骨角貝歯牙製品・漆製品・繊維製品等にも同等の研究努力が注がれているからである（表5）。さらには、かつて考古学が主要な研究対象としてこなかった、動植物遺体をはじめとする自然科学関連の分析成果についても注目すべき点が多い。便宜上、上記のような順番で記述をしていきたいと思うが、研究の優劣でないことはあらかじめお断りしておく。

1　土器と土製品

(1) 土器の概要

　鳥浜貝塚出土土器の全容を記述することは、大きな制約をともなう。第3章で触れた出土土器点数55,000点は、1975年（昭和50）の第4次発掘調査をまとめた報告書第1巻刊行時点（1979年）での数字であり、以後は総点数の記載がないからである。1980年（昭和55）以降の出土遺物は、番号付きの一覧表という形で報告書に掲載されているが、あまりにも出土量の多い土器は、この例外となっている。こうした制約があるものの、以下にこれまでに報告されている情報から、土器について見ていこう。

表5　主要遺物出土数量一覧（1980～86年出土）

遺物名	石器													
器種＼時期	石鏃	石槍	石錐	石匕	スクレイパー類	異形石器	玦状耳飾り	石錘	磨石類	石皿	磨製石斧	打製石斧	砥石	軽石石器
草・早期	83	-	1	-	22	-	-	120	21	3	5	-	12	-
前期	2954	17	262	62	284	23	14	1053	729	197	76	23	88	96

遺物名	土製品			木製品										
器種＼時期	土器片錘	有孔円板	不明土製品	石斧柄	弓・尖り棒	小型弓	棒	櫂	丸木舟	容器形	杭	板材	加工木	不明木製品
草・早期	1	-	-	3	8	-	43	-	-	-	133	78	44	18
前期	74	26	3	186	196	31	536	66	1	62	269	1074	155	130

遺物名	骨角貝歯牙製品									漆製品		繊維製品		自然遺物	
器種＼時期	刺突具	骨針	髪飾り	垂れ飾り	ヘラ状	不明骨角器	牙製品	鹿角製品	貝輪他	漆塗木製品	漆塗土器	縄	編み物	ヒョウタン果皮	ヤシの実
草・早期	1	-	-	-	-	-	-	-	-	-	-	3	-	16	-
前期	631	6	59	28	49	56	65	277	30	77	111	148	28	60	2

表6　鳥浜貝塚の層序と地層累重の法則

×××××××××××××不整合××××××××××××				
縄文時代前期	北白川下層Ⅲ式	ZⅥ期	上層	新しい ↑ ↑ ↑
	北白川下層Ⅱc式	ZⅤ期		
	北白川下層Ⅱb式	ZⅣ期		
	北白川下層Ⅱa式	ZⅢ期		
	北白川下層Ⅰb式	ZⅡ期		
	羽島下層Ⅱ式・北白川下層Ⅰa式	ZⅠ期		
×××××××××××不整合××××××××××××××				
縄文時代早期	条痕文土器・表裏縄文土器他	SⅤ期	下層	↓ ↓ ↓ 古い
	押型文土器	SⅣ期		
縄文時代草創期	多縄文土器	SⅢ期		
	爪形文・押圧文土器	SⅡ期		
	隆起線文土器	SⅠ期		

　鳥浜貝塚が縄文土器研究に寄与した点は、整然と堆積した土層・貝層中から、各時期に属する縄文土器が層序に沿って出土したことである。地質学の基本である「地層累重の法則」とは、「先に積もった下の地層が、後から積もった上の地層よりも古い」という原則である。しかし、多くの遺跡では地層がかく乱されていたり、耕作などで上下関係が逆転したりしていて原則どおりではない。人間の手が届かない水中で静かに土層と遺物が堆積して保存され、この基本原則が適用できる鳥浜貝塚は、とても貴重な存在なのである。つまり、下の地層から出土した縄文土器と、上の地層から出土した縄文土器の前後関係が保障されているので、その他の遺物の前後関係や、遺跡そのものの形成過程が復元しやすいという大きなメリットがあるのだ。後に述べる多種類の遺物の利用・廃棄された時期が保障されているのは、こうした遺跡自体の特性と、その特性を活かして層ごとに精緻な調査を行ったことの双方の成果によるものなのである（表6）。

ところで、福井県は北陸地方の南端に位置し、なかでも県南西部にある若狭地方は、地理的に北近畿に属するといってもよい。現代の文化圏としても、言葉は京都弁や関西弁に近く、食文化や祭礼などの伝統文化も、近畿地方の大きな影響下にある。こうした文化の地域性は、現代の場合は複数の要素から把握しやすい。

一方、遠い昔の縄文時代の地域性を探るには、地域ごとに異なる文様や製作技法の特徴をもとに設定された縄文土器の「型式」に着目するのが基本である。たとえば、鳥浜貝塚の最も栄えた縄文時代前期に属する土器型式は、現代の文化圏と同じく近畿地方、さらに瀬戸内・山陰地方の影響が強いのである。以下に時期ごとの状況について見ていこう。なお、鳥浜貝塚の時期区分のアルファベットSは、草創期・早期の略、Zは前期の略である。

(2) 縄文時代草創期の土器

鳥浜貝塚の縄文時代草創期は、大きくはSⅠ期（隆起線文土器）、SⅡ期（爪形文・押圧文土器）、SⅢ期（多縄文土器）に区分できる（カッコ内は土器の型式・様式名称）。

SⅠ期の土器は、日本列島でも古い方に位置づけられる土器の一群であり、隆起線文土器片が5点、斜格子沈線文土器が1点確認されている（図52）。鉢形で丸底と思われる後者の土器は口縁か

図52 草創期の斜格子沈線文土器

ら順に、1条の円形刺突文（円孔文）・ヘラ描きの斜格子沈線文・D字形爪形文が巡っている。これは今までに類例がなく、3種類の文様要素が1つに凝集しためずらしい土器である。隆起線文土器は、九州から北日本まで広く分布しており、日本列島で大きな地域差が生まれる以前の土器と考えられるものである。大塚達朗によれば、鹿児島県掃除山遺跡をはじめとする南九州の遺跡からも同じ技法をもつ「鳥浜貝塚下層式」とよばれる土器が出土している。

SⅡ、SⅢ期の土器は、鳥浜貝塚ではSⅠ期の後に順番に出現したことが確実であることが、調査によって確認された。第2章でも述べたが、前者は九州から北日本中心に、後者は東日本を中心に分布することから、この時期に鳥浜貝塚を利用した人たちの出自や移動・交流範囲が変化したのかもしれない。

(3) 縄文時代早期の土器

　縄文時代早期は、SⅣ期（押型文土器）、SⅤ期（条痕文土器・表裏縄文土器他）に分けられる。前者は中部・近畿地方に発生し、展開していった土器であり、本州・四国・九州と広範囲に分布する。草創期にくらべて土器の地域性が拡大した時期でもあり、鳥浜貝塚や付近の市港遺跡でも近畿地方の特徴をもった押型文土器が出土している（図53）。後者の条痕文土器は関東から東海地方、表裏

図53　早期の押型文土器（市港遺跡）

図54 羽島下層Ⅱ式土器

図55 北白川下層Ⅱa式土器

図56 北白川下層Ⅱc式土器

縄文土器は東北地方から北陸地方にかけて分布する土器であり、依然として東日本方面との交流があったことをうかがわせる資料である。

(4) 縄文時代前期の土器

縄文時代前期は、ZⅠ期（羽島下層Ⅱ式・北白川下層Ⅰa式）、ZⅡ期（北白川下層Ⅰb式）、ZⅢ期（北白川下層Ⅱa式）、ZⅣ期（北白川下層Ⅱb式）、ZⅤ期（北白川下層Ⅱc式）、ZⅥ期（北白川下層Ⅲ式）に分けられる。

ZⅠ期の羽島下層Ⅱ式土器は、瀬戸内、山陰、近畿方面に分布する土器である。網谷克彦は鳥浜貝塚の資料を取り上げ、「3」の字状刺突文を施すものを羽島下層Ⅱ式（図54）と定義しなおし、北白川下層Ⅰ式に先行するものとした。Z

Ⅰ期からⅩⅥ期の北白川下層諸型式は、鳥浜貝塚でその前後関係を保って出土したことから、岡田茂弘がⅠa～Ⅲ式を設定し、網谷がその成立と変遷について分析を加えた。そのため他遺跡で北白川下層式が出土した場合、その細かな先後

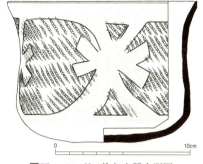

図57 ベンガラ塗り土器実測図

関係を確認できるようになり、鳥浜貝塚の資料が基準資料となっている（図55・56）。

　また、同時期の関東地方～中部地方には諸磯式土器群が分布しており、北白川下層式土器群に対応している。鳥浜貝塚でも搬入された諸磯式土器片が一定数出土しており、当時、東日本方面との交流があったことを示している。

(5) その他の特徴的な土器

　北白川下層ⅡbおよびⅡc式にともなって、ベンガラ（酸化鉄）を塗布した土器が出土している（口絵1・図57）。縄文が施されている部分を外して無文部分や爪形文部分等に幾何学的なパターンで塗るものが多く、一般の土器に見られるような炭化物が付着していないのが特徴である。煮炊きに使わない土器に限ってベンガラを塗布したのだろうか。

　同じく、赤色漆や黒色系漆を塗布した土器もあり、やはり文様を描くケースもある（口絵4）。ベンガラ塗り土器と同じく北白川下層ⅡbおよびⅡc式にともなうが、ベンガラ塗り土器が薄手で

図58 補修孔をもった土器片（補修孔に紐が残る）

白っぽいのに対して、漆塗土器はやや厚手で黒っぽいという差異がある。土器に塗る顔料に応じて、土器の材料やつくり方を変えていることはたいへん興味深い。また漆塗土器の塗装工程は四柳嘉章が分析し、後に述べる漆塗木製品と基本的に同じく、黒色系漆を塗った上にベンガラを含む赤色漆を重ねていることがわかっている。

　縄文土器が破損すると、割れ口の両側に穴を開けて、紐で綴じて修復していたらしいことは、これまでに各地の遺跡で補修孔をもった土器片が出土することから想定されてはいた。鳥浜貝塚では、この補修孔に撚りをかけた紐そのものが残存した状態で見つかっており、補修の存在が実証された（図58）。縄文時代草創期から前期までの撚り紐による補修例が見つかっており、口縁部、胴部、底部で確認されている。

　また、鳥浜貝塚が低湿地遺跡だからこその成果であるが、出土した土器の大部分には、ススや食べ物が焦げ付いたオコゲのような炭化物が、土中で分解されずに付着していた。これらの炭化物の科学的な分析については後節に詳しく述べたい。

(6) 土製品

　土器と同じ素材だが、利用目的が異なるのが土製品である。第4

図59 有孔円板

次調査の時点で20点、第5次〜10次調査で104点が報告されている。これには、土器の破片を再利用した土器片錘と有孔円板がある。前者は一般に漁網の錘や編み具の錘として使われたとされる。後者の用途については、紡錘車（いわゆる糸車）とする説があるが、よくわからない（図59）。土製品は土器全体の点数からしては少ないので、砕けた土器を何かに再利用することは、鳥浜貝塚ではそう多いことではなかったのかもしれない。また、土偶や動物形土製品、土製耳飾りのように、ある目的のために特別につくられた土製品は未発見である。

2 石 器

石器類は、第4次調査の時点で約1,000点、第5次〜10次調査で縄文時代草創期267点、前期5,878点が報告されている。石器の種類は、石鏃（やじり）、石槍（やり）、石錐（ドリル）、石匙（ナイフ）、スクレイパー類（ナイフ）、異形石器（用途不明）、玦状耳飾り（ピアス）、石錘（漁網錘もしくは編み具）、磨石類（食品加工具ないし工具）、石皿（食品加工具ないし工具）、磨製石斧（伐採具ないし工具）、打製石斧（土掘り具ないし除草具）、砥石（砥石）、軽石石器（砥石等）である（カッコ内は推定される用途）。

図60 草創期の石錘

このなかで注目されるのは、縄文時代草創期（多縄文土器期）の石錘の存在である（図60）。田中祐二の報告で図示されて明らかにされたものだが、当時から漁撈が行われ、水産資源獲得を生業に取り入れていたことを強く示唆する。他にも同時期に石鏃、磨石類・石皿等が出そろっており（図61・62）、鳥浜貝塚が利用された初期の段階で、狩猟・漁撈・植物採集（加工）という縄文時代の基本的な生業が行われていたことが明らかになった。

生業の変遷という観点では、第2章でも触れたがZⅡ期（縄文時代前期中葉）を境にして、「石鏃の出土量＜石錘の出土量」が、「石鏃の出土量＞石錘の出土量」に変化することが報告されている。すなわち道具の出土量で見る限り、漁撈主体だった生業が、狩猟を中心とするものに急激に転換するとの見方である。

一部の石器では石材鑑定も行われている。石鏃やスクレイパー類等の剥片石器には、サヌカイト、チャートを主体とし、水晶、黒曜

第5章 発掘成果2：遺物　89

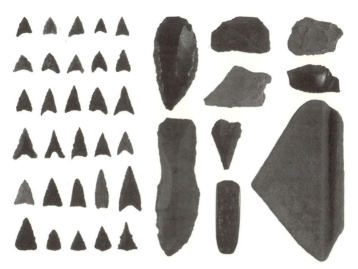

図61　草創期の石鏃・削器・石錐・磨製石斧・有溝砥石

図62　草創期の磨石・石皿

石、硅岩が利用されている。チャートや水晶は鳥浜貝塚付近で現在でも採取が可能だが、サヌカイトや黒曜石は遠方から搬入されたものと考えられる。このうち黒曜石の産地は、第2章でも述べたが、藁科哲男・東村武信による分析で霧ケ峰(長野県)と隠岐(島根県)とが、同じくサヌカイトは金山(香川県)と二上山(大阪府・奈良県)とが同定されている。

3 木製品

木製品は第4次調査の時点で、60リットル水槽に70箱(552点)、第5次〜10次調査で縄文時代草創期327点、前期2,706点が報告されている。木製品の種類は、山田昌久による当初の報告を踏まえ、網谷克彦による形態分類が行われた。柄、弓・尖棒、小型弓、櫂・櫂状木器、丸木舟、容器、掬い具、輪、ヤス柄、その他の器種、杭、板材、棒材、加工材に分類される。

木製品には石器に匹敵する多くの用途・機能があり、それも鳥浜貝塚の良好な保存環境があってはじめてわかった点が多い。ここでは、網谷の分類に拠って器種ごとに概観するが、その材質・樹種利用の特徴については後に述べる。

柄は、樹木の幹と枝とが鋭角や鈍角の角度で分かれている木を選び、幹側を台部に、枝側を把手に加工したものである(図63)。台部には、磨製石斧や打製石斧、骨製・木製の刺突具類などを取り付けたのであろう。石斧柄として使う場合、伐採用の縦斧や加工用の小型横斧、土掘り具等として利用し、刺突具類をつけた場合は祭祀具や特殊な装身具として利用した可能性がある。これらには、台部をソケット状に加工するものと、平坦に削り上げるものとがあり、

図63 鳥浜貝塚出土の柄

先端に取り付けるものによってつくり分けていたのだろう。未製品もあるので、鳥浜貝塚で製作していたことが明らかである。発見当初、類例がなかったため「トリハマタイプ」とよばれていたが、その後各地の低湿地遺跡から同様に加工された柄が出土し、「膝柄」と呼称されるようになった。

弓・尖棒は、細長い棒材の端を削り出して尖らせたものである。両端を尖らせたもの（弓）、一端を尖らせてもう一端を平らに加工したもの（尖棒）、樹皮の帯を巻きつけたものや赤漆塗りで装飾したもの（飾り弓）の3種類があるが、途中で折れていて、弓として使ったか、尖棒なのかわからないものも多くある。飾り弓は、おそらく大相撲の弓取り式に見るような、祭祀具や特殊な装身具であろう。

完全に近いもので判断すると、弓の長さには、全長150cmを超えるもの、100～130cmのもの、70～80cmのものの3種類があり、尖棒はこの真ん中のサイズのものが大多数である。これらを実用の

弓としてみるには、矢に取り付けた石鏃と対応させて考えなければならない。ところが、縄文時代前期後半で両端を尖らせた弓がほとんどなくなるのに対し、石鏃はこの時期に最も多くなるという問題がある。網谷は両端を尖らせたもの全体を弓と認定することが誤りではないかと考えているが、真相はどうだろうか。一方、草創期の尖り棒で一端が「握り」のように加工されたものがあり、網谷はこれを槍（投槍）と見なしている。

櫂は、後に述べる丸木舟を漕ぐための道具だが、完成品の長さは120～150cm、未製品は180cmにもなる。柄頭に羽子板ないし8字状の加工をしてあるのが大きな特徴である（口絵6）。水かき部分が細身のものや幅広のもの、長さが短いものなどのバリエーションがある。櫂状木器とは、櫂よりも水かき相当部分が短く、掘り具もしくは叩き具に見なされるものである。

丸木舟は、縄文時代前期に属する1号丸木舟と、後期以降に比定される2号丸木舟とがある（口絵5・7、図64）。1号丸木舟は、船首・左舷と右舷の前半部を損傷しているが、現存長608cm、最大内深21cm、厚さは4cmを測る。材質はスギで、船底外面に樹皮をはいだだけの自然面が残っている。出土当時、鋼矢板に切られた船尾（図65）が報道され、調査予定を変更して鋼矢板の向こう側を掘り下げたところ、無事に船首まで出土したという逸話が残っている。

一方、2号丸木舟については鳥浜貝塚の最盛期を過ぎた時期の所産であり、第2章でも述べたように隣接するユリ遺跡から出土している後晩期の丸木舟群との関わりが強いと考えられる（図27）。

容器には、横木取りのもの（皿、鉢、椀）、縦木取りのもの（筒形三足器）、幹に生じる瘤や根材を利用するもの（片口）がある。

第5章 発掘成果2：遺物 93

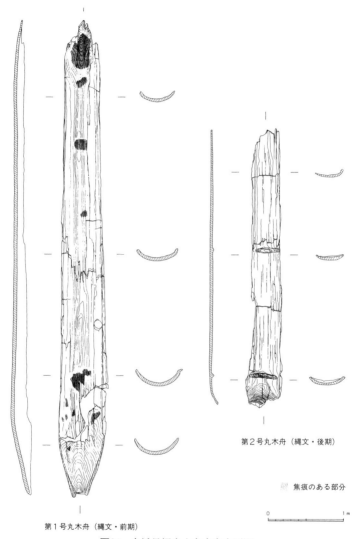

第2号丸木舟（縄文・後期）

焦痕のある部分

第1号丸木舟（縄文・前期）

図64 鳥浜貝塚出土丸木舟実測図

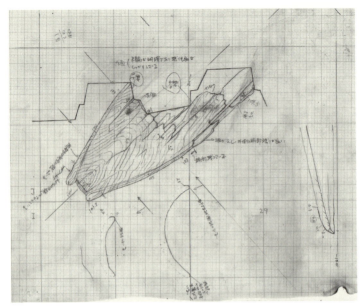

図65 1号丸木舟　舟尾実測図の原図

未製品がきわめて少ないのが特徴で、網谷は別の場所でつくられたものがもち込まれた可能性を挙げている。同じ器種であっても、円形・楕円形・長方形といった平面形の差、水平口縁と波状口縁、高台の有無、漆と思われる塗装の有無等から多くのバリエーションを生んでいる。

　掬い具には、スプーン形、しゃもじ形、十能形がある。調理や食事に使えるほか、十能形は、丸木舟のなかに入った水をかき出すアカトリの役目を果たしたかもしれない。

　輪は、小枝を払って両端を薄く削ぎ出した枝をたわめて、環状にしたものが出土している。1本もしくは2本を紐などで緊縛して使ったと思われる。近年まで三方五湖で使われていた漁具のタモ網

の枠に類似している。

ヤス柄と考えられるものは、骨製の刺突具の端部に木製柄の一部が残存しているものである（図66）。そのまま挿入したものと、糸で巻き上げた上を白色物質で固めたように見えるものがある。この遺物があればこそ、骨角器をヤス先と認定できるので、貴重な資料である。

図66　木製の柄が残るヤス状骨器

その他、1器種1点ずつしか出土していないものに、横槌、木製刺突具、槍形装飾付き棒、カゴ把手、鉤形木器、X字形頭部装飾付板、蓋形木器、U字形木器、舟形木製品、把頭状木製品がある。用途がわかるものを推定すると、横槌は繊維等の叩き具、木製刺突具はヤス先、蓋形木器は食器と考えられるが、その他の多くは祭祀具ないし特殊な装身具と考えられるものである。

杭その他の加工材は、用途のわかる遺物よりも多数を占めるが、分析が進んでいるとはいえない。第4次調査終了時点の山田昌久の報告によると、原木のようなものはまとまって出土しておらず、両端に加工のある板材で、長さ70〜80cm前後のものと、50cm内外のものが多かったようである。板材には年輪に沿った板目材、樹心のない柾目材、年輪が不整な板目材のほか、一辺4cm以下の角材があった。杭は、分割材でなくすべて丸太材であり、横切断面が平らな太い材、石斧等で角度をもって尖らせた径7cmくらいの普通材、削器で先端を尖らせた径4cm弱の細い材があった。太さによる用途の違いがあったと思われるが、調査時の制約から発掘現場で

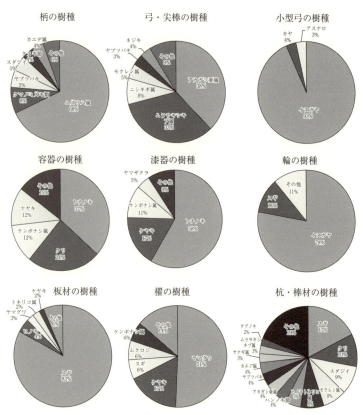

図67 鳥浜貝塚出土木製品の樹種グラフ

の所見が少ないのが残念である。

これらの木製品の製作に関して、網谷克彦は「季節的労働と備蓄」に拠るとしている。たとえば柄は夏場を中心に伐採し、荒削りの未製品の段階までつくり、乾燥・腐敗を防ぐために水漬けで保存している。必要に応じて未製品を取り出して完成させたのである。さらに容器については、いわゆる「職人」が他の集落で製作した木胎を、鳥浜貝塚で漆加工するような分業体制で生産された可能性を

述べている。

　これらの多彩なる木製品は、嶋倉巳三郎、鈴木三男・能城修一らの樹種同定結果によると、特定の樹種が特定の器種に選択的に使われていることがわかる（図67）。すなわち、柔らかい樹種は、柄や弓といった力のかかる道具に、堅い樹種は櫂や容器に、スギのように長大な樹種は、丸木舟や杭といった長さが必要なものに使われている。現在、道具の材には使われない樹種も多く、現代人の失ってしまった知識を駆使した、縄文人の適材適所・多樹多用の実態を示すものである。

4　骨角貝歯牙製品

　骨角貝歯牙製品は第4次調査の時点で200点、第5次〜10次調査で縄文時代草創期1点、前期1,201点が報告されている。その種類は、刺突具、骨針、髪飾り、垂れ飾り、ヘラ状、不明骨角器、歯牙製品、鹿角製品、貝輪他として記載があるが、木製品同様、用途と機能が不明確なものが多くある。以下に詳しく見てみよう。

　点数で半数以上を占めるのが刺突具である。両端ないし一端を尖らせて全面をよく磨き上げたもので、木柄に装着した例から多くはヤスとして使われたものだろう。その製作技法については山川史子による詳細な分析がある。山川は、自ら製作実験を行い、出土資料と比較検討した結果、シカ中手骨（前足の手首と指の間の骨）・中足骨（後足の足首と指の間の骨）の前面と後面を分割するように打ち割った後、関節部分を除去していたという製作の手順が復元された。これは東北・関東地方で製作された製品とは異なる方法なので、骨角器の制作方法にも時期差や地域差が存在することが明らか

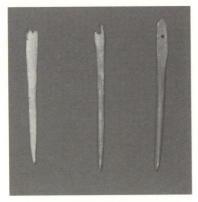

図68 骨針

になった。

　漁具としては、他にJ字形釣針と結合釣針の先端部分とされる資料が各1点出土しているが、ヤスに対する比率が小さいのが注目される。他に刺突具は工具として使われた可能性もある。

　刺突具よりも細く精巧な骨針は、孔の径が2〜4mmと小さく、細長く開けられたものもある（図68）。後に述べ

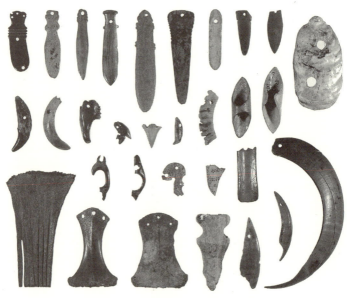

図69　骨角貝歯牙製の装身具

る出土糸に径2mmのものがあるので、これに対応するものだろう。針と糸の存在は、縄文人の衣装や刺繍等の装飾の可能性を拡げるものである。

以下に、主に装身具とされるものの代表例

図70　鹿角斧使用想定模型

を紹介する（図69）。髪飾りとされているのは、いわゆるカンザシ状の細長いもので、20cm近いものと10cm内外の短いものがある。一端に近い方に装飾を巡らすものもある。ヘラ状のものも用途が不明確だが、垂れ飾りと同じ装身具に含まれるかもしれない。牙製品は大きめのイノシシの牙全体を磨き上げて切り込みを入れるもの、孔をあけるペンダント状のもの、牙鏃がある。鹿角製品には先端に刻みをつけたり、尖らせたりするもののほか、先端をクサビ状に加工し、また部分を利用してもち手とした鹿角斧とよばれる製品がある（図70）。内部が中空な鳥骨を使ったものには、指輪もしくは指ぬき状の製品がある。クジラ骨は磨いて板状に加工されたものがある。サメの椎骨や歯は孔をあけ、ペンダントヘッド状にしたものがある。貝輪は、ベンケイガイ、カキなどを使い輪状に加工を施したもので、他遺跡の事例から腕輪として利用された可能性がある。

　これらの製品の分類と報告は十分ではないが、特にシカを主とする食用動物の骨を有効利用しており、機能面と装飾面の両面から、優れた効果を発揮していたことだろう。

5　漆製品

　漆製品は、第4次調査の時点で漆塗土器9点と漆塗木製品5点、第5次〜10次調査で漆塗土器111点と漆塗木製品77点が報告されている。いずれも縄文時代前期の所産である。漆塗木製品には、丸木弓に漆を塗布したもの、そこにさらに樹皮を巻いた上に赤色漆で塗装したもの、一木から歯を削り出した刻歯式赤色漆塗櫛（口絵2）、細い材を緊縛した結歯式赤色漆塗櫛（口絵3）、赤色漆塗糸、各種容器類等がある。

　刻歯式赤色漆塗櫛は、1975年（昭和50）に出土したもので、当時は鳥浜貝塚を象徴する存在として大々的にPRされた。ヤブツバキ材に鹿の角状の突起をつくり出し、先端が折れてはいるが歯を9本削り出している。工藤雄一郎・四柳嘉章の年代測定によると約6,100年前（較正年代）のものである。この形態の漆塗櫛は、石川県三引遺跡（縄文時代前期）、神奈川県羽根尾貝塚（同前期）、北海道カリンバ遺跡（同後期）、新潟県青田遺跡（同晩期）など、列島各地で各時期に渡って出土しているが、管見の限り、いずれも結歯式であり、鳥浜貝塚のような刻歯式のものを見かけない。

　発掘調査当時の技術では漆製品の保存処理がうまくできなかったため、長く水漬けの状態であったが、2007〜2009年度（平成19〜21）に福井県立若狭歴史博物館（当時は福井県立若狭歴史民俗資料館）による保存処理がなされた。その際、科学的な分析も行われたので、以下に詳しく紹介したい。

　保存処理は櫛部正典、早瀬亮介が担当し、漆製品の詳細な観察がなされた。それによると、赤色漆は全時期・全器種で使用されるも

のの、加工がていねいで装飾的なものほど使用が顕著で、楕円皿のような加工が簡素な製品には使われていなかった。ZⅣ期〜ZⅤ期にかけて、赤色・黒色の塗り分けや、黒色地に赤色漆で文様を描くものが出現し、さらにZⅤ期では赤地に黒色で文様を描くものが登場する。また施文方法の可能性として、先の細い筆状工具で描いたものと、太く引いた線の上からなんらかの鋭い工具で切り取って、3本に分離したように描いたものを挙げている。容器の口縁端部に小石を漆で接着し、小石のすき間に漆を充塡したものや、結歯式櫛に象嵌をしたものも新たに発見された（口絵3）。

　四柳嘉章は漆製品に対して、漆の塗り方や手順を明らかにする塗膜構造分析、塗料と膠着液を明らかにする赤外線分光分析、赤色顔料を特定する蛍光X線分析を実施した。それによれば、内面・外面とで塗り方に差があり、下地に生漆や炭粉漆を塗った上で赤色漆を塗るのが基本の塗装工程であった。赤色漆の顔料はすべてパイプ状ベンガラ（含水酸化鉄）とされた。これは湿地等に生えるイグサ属やイネ科植物の繊維に、鉄バクテリアが付着したものを乾燥して燃焼させ、赤く発色させたものを利用したのである。一方、黒色に見える漆からは顔料は検出されず、酸化によってしだいに茶黒色化した「黒色系漆」とされた。初めて詳細に報告された赤色漆塗糸は、直径1.5〜2.0mmの左撚り繊維に十分漆をしみこませた上で、赤色漆を2回重ねたものであった。近年、各地の遺跡で報告例の増えている赤色漆塗糸は、漆自体に柔軟性を欠くことから実用には適さないものの、鳥浜貝塚では早い段階で出土していたのである。

　網谷克彦は、鳥浜貝塚で漆塗布用のパレットにした土器片が出土していることから、漆の塗りの工程は集落内でしていたとする。一方、四柳は、漆塗土器の文様が関東地方の諸磯b式と共通性があ

図71　鳥浜貝塚出土のウルシノキ自然木

り、胎土に金雲母を含むこと、漆塗糸は分布の中心が東日本にあることから、これらを搬入品と見なしている。鳥浜貝塚の漆製品がどこでどのようにつくられていたのか、結論は出ていないが、四柳は赤色漆をていねいに数層塗り重ねる技法は、縄文時代早期以降、広範囲で共通していたとする。岡田文男によれば、約9,000年前に非常に高度な水準で登場した漆工技術は、縄文時代を通してとりわけ発展した形跡が見当たらないとのことである。鳥浜貝塚では、すでに完成の域にある製品や技術が使われていたといえるのだ。

ところで、1984年（昭和59）に採取されていた自然木が鈴木三男らによってウルシノキと同定され、同時に実施された放射性炭素年代測定値が約12,600年前（較正年代）と発表された（図71）。漆製品では日本最古である北海道垣ノ島B遺跡出土例の年代を3,600年もさかのぼる結果であり、アジア大陸からすでに日本列島にウルシが導入されていたことを示している。また吉川昌伸らによる花粉分析結果でも、ウルシ花粉が多縄文土器の含まれる層より下で出現しており、草創期の鳥浜貝塚付近にウルシが生育していたことが確実視される。

6　繊維製品

　繊維製品は、第4次調査の時点で縄類23点、編み物30点以上、第5次～10次調査で縄文時代草創期・早期の繊維製品・縄3点、前期の繊維製品・縄148点、編み物28点が報告されている。鯵本眞友美によれば、これらは保存処理されたものを除くと、出土後30年経った現在も大きく姿を変えることなく、水漬け状態で福井県立若狭歴史博物館に保存されている。

　縄類については、イト（直径2～3mm）、ヒモ（同5mm内外）、ナワ（同1～2cm）、ツナ（同5cm内外）と相対的な太さで分類されており、用途に応じて使い分けていたのだろう（図72）。

図72　さまざまな縄類

図73 鳥浜貝塚出土の三つ編みの縄

　右撚りが主流で、なかには2本の左撚りにさらにもう1本を左撚りにして強化するものや、いわゆる三つ編みの縄もある（図73）。草創期最下層の有機物層出土の糸は、国内最古のもので、太さ2mm右撚りの糸が2×1cmほどの塊の状態で出土している。

　編み物は断片的なものしか見つかっていないが、その用途は他遺跡の事例からカゴ、ザル、バスケットなどの容器、敷き物、漁網等が推定される（口絵14・15）。佐々木由香によれば、素材にはヒノキ、タケ亜科、ツヅラフジが使われ、日本で最も古いカゴの出土が早期中葉で見られるとのことである。布目順郎の分析したアカソ製のいわゆるアンギンは、1cm間隔の縦糸で横糸を挟むように撚る（もじる）ことで編まれている。森川昌和が語るところによれば、出土時点では弾力を保ち、毛糸のセーターのような手触りだったとのことである。

　布目順郎の顕微鏡観察下での同定によると、縄の素材は、草創期はタイマ、前期はアカソ、タヌキラン、タイマである。小薬一夫によると、タイマ・アカソは草本類の靱皮繊維、タヌキランは草本類の茎や葉の繊維を利用する。このうち、タイマはクワ科の一年草で植物学的には渡来系の栽培植物であるが、鳥浜貝塚からその種子が

出土している。アカソはイラクサ科の多年草で、民俗例によれば茎のまま乾燥・保存し、木または石の台の上で横槌を打って繊維をとる方法（砧法(きぬたほう)）が行われている。鳥浜貝塚ではコアカソ・イラクサの種子や木製品の横槌が出土しており、その方法が行われていたとしても不思議ではない。

　また網代編みの素材にはヒノキの細割り材等も使われている。さらに、鈴木三男によれば、シナノキ属・ヤマブドウの樹皮を素材にした縄・繊維束が確認されている。

　編組製品の分析や素材について、詳細な調査結果の公表は今後の課題といえよう。近年、能城修一、小林和貴、佐々木由香らによって、詳細な分析と研究が進められており、今後その進展が期待される。

7　動植物遺体

(1) 動物遺体

　動物遺体は、第1次調査では総量記載なし、第3次調査では120,269g、第6次調査では容量30リットルのコンテナ138箱（植物遺体含む）、第7次調査では同78箱（植物遺体含む）、第8次調査では同121箱、第9次調査では109箱、第10次調査では200箱以上（植物遺体含む）と報告されている。

　動物遺体は、その同定者や報告時期によって分類群が異なり用語の統一が図られていないが、基本的に同定者による用語のまま以下に記述する（表7）。これまでに多くの研究者による同定が行われているが、いまだ全資料の分析が終了したとはいえない状況である。

表7　鳥浜貝塚出土動物遺体一覧

同定者	出土動物遺体
金子浩昌	【哺乳類】イノシシ、ニホンジカ、ニホンザル、ネズミの一種、タヌキ、アナグマ、クマ、テン、カモシカ、カワウソ、シャチ、オオヤマネコ【鳥類】カモの一種【魚類】ブリ、クロダイ、フグの一種、カツオ、マグロ、サメの一種、ギギ【貝類】カワニナ、コシダカガンガラ、オオタニシ、ヨメガカサ、サザエ、ツメタガイ、ベンケイガイ、サルボウ、カガミガイ、ヤマトシジミ、ヌマガイ、イシガイ、カキ、マツカサガイ（第1次調査資料）
藤井昭二・高山茂樹	【貝類】オオタニシ、カクタニシ、タニシ、ヒメタニシ、ニッポンミズシタダミ、カワニナ、チリメンカワニナ、トンガリササノハ、イシガイ、マツカサガイ、カラスガイ、ドブガイ、ヤマトシジミ、ベッコウザラ、イシダタミ、クボガイ、コシダカガンガラ、サザエ、オオヘビガイ、ネズミガイ類、ツメタガイ、レイシ、テングニシ、チトセボラ、マクラガイ、サルボウ、ハイガイ、ベンケイガイ、タマキガイ類、ハナイタヤ、マガキ、ハマグリ、カガミガイ（第2次、4次調査資料）
西田正規	【哺乳類】ニホンザル、イルカ科の一種、イヌ、タヌキ、ツキノワグマ、テン、アナグマ、カワウソ、アシカ、イノシシ、ニホンジカ、ニホンカモシカ（第3次調査資料）
稲波素子	【哺乳類】シカ、イノシシ（第3次調査資料）
本郷一美	【哺乳類】シカ、イノシシ、ツキノワグマ、カモシカ、ニホンザル、タヌキ、オオカミ、オットセイ？【魚類】フナ、コイ、ハス、ニゴイ、ウグイ、カワムツ、コイ科、マナマズ、マサバ、キハダ、ブリ属、マイワシ、ニシン、ニシン科、カタクチイワシ、サケ科、イシガキダイ、タイ類、ハリセンボン、トラフグ、サメ目（第5次調査資料）
茂原信生・本郷一美・網谷克彦	【哺乳類】ツキノワグマ、オオカミ、イヌ、タヌキ、テン、アナグマ、カワウソ、ヤマネコ、オットセイ？、ニホンザル、ノウサギ、クジラの一種、イノシシ、ニホンジカ、カモシカ（第10次調査資料。イヌとオオカミは各年次より抽出）
大江文雄	【魚類】フナ属、ハス属、ナマズ属、マグロ属、マアジ属、ボラ科、カマス属、マダイ属、ウマヅラハギ、ハリセンボン、フグ属（第2次調査資料）、ウシサワラ、トラフグ（第3次調査資料）
中島経夫	【魚類】ウグイ亜科属種不明、ウグイ、コウライニゴイ、フナ属（ギンブナか）、ナマズ、コイ属、タナゴ亜科、ダニオ亜科（ハス含む）、カマツカ亜科、クルター亜科（ワタカ含む）、クセノキプリス亜科（クセノキプリス属含む）（第4次、7次、8次、10次調査資料）
内山純蔵	【哺乳類】ニホンジカ、イノシシ、ツキノワグマ、イヌ、カモシカ、ニホンザル、タヌキ【鳥類】ワシタカ類、カモ類（コガモ／ヨシガモ）、サギ類、カモ類（マガモ？）、キジ、ハクチョウ【魚類】クロマグロ、コブダイ、スズキ（第9次調査資料）
小島秀彰	【魚類】板鰓亜綱、コイ科、ナマズ属、スズキ属、ブリ属、クロダイ属、マダイ、イシダイ属、コブダイ、サバ属、カツオ、マグロ属、フグ科（第10次調査資料）
姉崎智子・西本豊弘・新美倫子	【哺乳類】イノシシ、シカ、カモシカ、サル、タヌキ、イヌ、ウサギ、カワウソ、アナグマ、クマ（第10次調査資料）

一覧表を見ると、陸域、淡水域、汽水域、海水域、空域と、あらゆる環境下から各種の動物が捕獲されていることがわかる。姉崎智子らによれば、哺乳類はイノシシ・ニホンジカが全体の8割を占め、その他の動物は少ない（図74）。

稲波素子によれば、イノシシとニホンジカの四肢骨はほとんど破損しており、生の状態

1．ニホンジカ

2．イノシシ

図74　鳥浜貝塚出土の動物骨

で強い衝撃を受けたときにできるような鋭い割れ口をもつことから、骨髄を食べるために割られたらしい。シカの頭蓋骨も脳をつぶさないように割られており、脳を食用とした可能性がある。人間でいえば手の甲・足の甲にあたる部分のシカ中手中足骨は、骨角器の材料とするために縦に割られていた。さらに、炭化した骨や焦げ目をもつ骨がほとんどないことから、直火焼きではなく、煮炊き、蒸し焼き、軽く火であぶる、乾燥肉といった調理法が想定されている。

第2章でも述べたが内山純蔵による第9次調査資料を対象とした死亡時の歯の咬耗・萌出の分析によれば、イノシシ猟のピークは3月を中心とする春で、秋から冬にもある程度行われていたらしい。

2. ヤマトシジミ

1. コイ科魚類の骨　　　　**図75**　鳥浜貝塚出土の魚介類

一方、シカ猟は9～11月を中心とする秋にピークがあり、主として夏から秋にかけて行われていた。生殖可能になった若い個体を、雄雌の区別なく捕獲しているので、弓矢による追跡猟で捕獲した可能性が高いとのことである。もし、集団での追い込み猟や罠猟をすれば、老獣や幼獣も含まれることになるが、そうではないのである。捕獲季節や狩猟法が具体的にわかるようになると、そこに暮らした

集団の動きもより詳しく推定できるようになる。

漁撈については、本郷によれば、その対象は淡水魚であるフナやコイ科魚類が多数を占める（図75-1）。貝類でも、圧倒的に淡水〜汽水種のイシガイ、マツカサガイ、ヤマトシジミ、トンガリササノハ等が多いと第4次調査時点では報告されている（図75-2）。筆者がヤマトシジミ2,845点を計測したところ、

図76　鳥浜貝塚出土のオオカミの骨

殻長25〜27mmの個体が最も多かった。一方、海産の魚介類の出土率が低いので、実際に海まで出かける漁撈は低調だった可能性が高いだろう。

また鳥類遺体の分析が進んでおらず、現在までに報告されているのは10種に満たない。しかしカモ類として報告されているものは、ラムサール条約湿地である三方五湖周辺で毎年冬に多種多数飛来する。第2章でも述べたが、鳥類の捕獲が低調であったのにはなんらかの理由があるのだろう。今後の分析に期待するところである。

なお、これらの動物遺体には、オオカミ、ヤマネコ、ワタカ（コイ科魚類）、クセノキプリス属（同）といった、現在の三方五湖周辺では絶滅した動物が含まれている（図76）。特に食用として捕獲されたものばかりではないが、日本の動物相の変化を見るには興味深い資料である。もっとも縄文時代には存在しなかった外来生物

が、この周辺地域にも多数侵入しており、ブラックバスやブルーギル、ミシシッピアカミミガメといった、在来生物に悪影響を及ぼすような生物が幅を利かせているのは残念なことである。

(2) 植物遺体

　自然木を除く植物遺体は、第1次調査では総量記載なし、第4次調査では20cm×50cmの広さで厚さ約10cmの土壌サンプル15点、第6次調査では容量30リットルのコンテナ138箱（動物遺体含む）、第7次調査では同78箱（動物遺体含む）、第8次調査では同35箱（貝含む）および水洗選別用土壌サンプル500箱、第9次調査では27箱、10次調査では200箱以上（動物遺体含む）と報告されている。

　植物遺体も動物遺体同様、多くの研究者による同定がなされた。主に種実類や堅果類が報告され、なかには栽培種も含まれている。以下に同定者ごとに整理してみる（表8）。

　笠原安夫によると、全時期を通じて出土点数が多いのは、イヌザンショウ、サナエタデ、エゴマ、イヌホオズキ、ヒシ（図77-1）、クリ（同2）、ドングリ類（同3）、オニグルミ等である。有用植物を時期別に見ると、草創期から見られるのがヒシの一種、トチノキ、オニグルミ等で、早期にも継続する。前期になってからはイヌホオズキ、エゴマ、イヌザンショウ、サナエタデ、クリ、ドングリ類、カシ類、オニグルミが目立つ。主に当時の人びとのカロリー源となっていた堅果類の割合が大きいのは当然であるが、それら以外の植物が特に利用されるのはどんな場合だったのだろうか。現代人がほとんど利用しないイヌホオズキやサナエタデといった植物は、その用途や利用価値についてもよくわからなくなってしまったのである。

表8 鳥浜貝塚出土植物遺体一覧

同定者	種名
山内文・籾山泰一	コナラ、アカガシ、クリ、スギ、サワラ、カヤ、イヌガヤ、スダジイ、ツバキ、サンショウ、アワブキ、オニグルミ、エゴノキ、クマヤナギ、トネリコ属の一種、ヒユ属の一種、ヒシ（第1次調査資料）
西田正規	カヤ、クルミ、アサダ、クマシデ属、ハンノキ属、ドングリ類（スダジイ・カシ類含む）、クリ、スダジイ、ムク、エノキ、カナムグラ、サナエタデ、タデ科、コウホネ、オニハス、マツモ、キンミズヒキ、リョクトウ、キハダ、サンショウ亜科、アカメガシワ、モチノキ、ムクロジ、ブドウ属、マタタビ、ツバキ属、ヒシ、ヤブジラミ、ヤマボウシ、エゴノキ、シソ科、ナス科、ニワトコ、ヒョウタン、ゴキズル、ヒルムシロ、ユリ科（第4次調査資料）
松本豪	リョクトウ（後に小畑弘巳によりアズキの一種と判明）（第4次調査資料）
笠原安夫	オナモミ、ニワトコ、ゴボウ、ウリ科、ヒョウタン、イヌホオズキ、シソ、シソの一種、エゴマ、エゴノキ、ミズキ、ヤブジラミ、マタタビ、ヒシ類、ヒサカキ、ヤマボウシ、ブドウ属、サルナシ、モチノキ、アカメガシワ、イヌザンショウ、カタバミ、クサイチゴ、ナワシロイチゴ、ヘビイチゴ、アブラナ科、ギシギシ、スイバ、サナエタデ、タデの一種、ミゾソバ、ボントクタデ、イタドリ、ヤナギタデ、コアカソ、カラムシ、イラクサ、ヤマグワ、カナムグラ、コウゾ属、カシ類、ハンノキ、アサダ、オニグルミ、ツユクサ、コゴメガヤツリ、ヒメクグ、カヤツリグサの一種、イネ科、ウキヤガラ、ホタルイ、ヤワラスゲ、スゲの一種、カヤツリグサ科、マツモ、イバラモ、トリゲモ、ヒルムシロの一種、ヒノキ（葉）、カヤ、タイマ（第5・6・7次調査資料）
能城修一・鈴木三男	カヤ、イヌガヤ、モミ属、アカマツ、マツ属複維管束亜属、マツ属、スギ、ヒノキ、サワラ、クロベ、アスナロ、ヒノキ科根material、オニグルミ、ヤナギ属、ハンノキ属ハンノキ節、カバノキ属、クマシデ属イヌシデ節、クマシデ属クマシデ節、ハシバミ属、アサダ、クリ、スダジイ、ブナ属、コナラ属コナラ節、コナラ属クヌギ節、コナラ属アカガシ亜属、ムクノキ、エノキ属、ニレ属、ケヤキ、ヤマグワ、モクレン属、タブノキ、シロダモ、カツラ、ヤブツバキ、ヒサカキ、タッツバキ属、マンサク、ノリウツギ、ツルアジサイ、イワガラミ、ヤマザクラ、サクラ属、バラ属、カマツカ、ナシ亜科、イヌエンジュ、フジ、アカメガシワ、ユズリハ属、カラスザンショウ、キハダ、ニガキ、ヤマウルシ、ヌルデ、ヤマハゼ類、チドリノキ、カエデ属、ムクロジ、トチノキ、アワブキ、モチノキ属、ニシキギ属、ツルマサキ、ツルウメモドキ、ケンポナシ属、ノブドウ、グミ属、クマノミズキ類、ミズキ、コシアブラ、キヅタ、リョウブ、ネジキ、アセビ、ツツジ属、スノキ属、エゴノキ属、サワフタギ類、トネリコ属、イボタノキ属、ハシドイ、ヒイラギ、テイカカズラ、ムラサキシキブ属、ガマズミ属、ニワトコ、散孔材A、散孔材B（各次調査資料）
その他	ウルシノキ（鈴木三男・能城修一・小林和貴・工藤雄一郎・鯵本眞友美・網谷克彦らによる）

※種名は同定者の表記による。

1. ヒシ

2. クリ

3. ドングリ

図77 鳥浜貝塚出土種実

図78 鳥浜貝塚出土のエゴマ・シソ（電子顕微鏡写真）

報告資料のうち、栽培植物はヒョウタン、ゴボウ、エゴマ、シソ（図78）、アブラナ科、カジノキ、タイマ、ウルシ等であり、カロリーが豊富ないわゆる主食となりうるものではない。しかし、人手を介して繁殖する植物であるということは、生活材として鳥浜貝塚での利用頻度の高さを示しているといえる。これらの栽培植物は繊維素材、油や樹液の採取、薬草、容器や副菜としての利用が考えられる。他にも住居の近くで繁殖するような人里植物が、縄文時代前期になってから数多く出現していることは注目すべき点である。

8　さまざまな自然科学分析

(1)　花粉分析

　考古学における花粉分析は、遺跡の土層中に含まれる花粉の種類を同定して割合を算定し、それらを元に遺跡周辺の花や樹木の生育状況（植生）を復元することを目的に行われている（図79）。鳥浜貝塚の花粉分析は、安田喜憲によって第4次調査時から着手され、以後各年次にわたって継続して行われてきた。遺跡出土の花粉は、人里の環境をも反映しており、厳密には背景である遺跡周囲の自然環境を直接反映するものではない。ただし、鳥浜貝塚の場合、背後に丘陵を控えた湖畔に位置し、人と自然とが密接するポイントにあたっていることから、人里環境・自然環境の両面から、これまで論じられてきた。

　安田によると、氷河期が終わり、気候が暖かく湿度が高くなる後氷期になると、鳥浜貝塚周辺ではブナ林（落葉広葉樹林）が、ナラ・クリ林の優勢な林を経て、照葉樹林（常緑広葉樹林）へと移り変わり、さらにスギ林が5割近い林になるとのことである。ブナ林

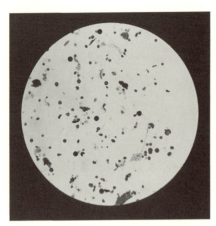

図79 水月湖年縞に含まれる花粉

の時代は縄文時代草創期・早期前半にあたり、ナラ・クリ林の時代は早期後半、照葉樹林の時代は前期前半、スギの時代は前期後半にあたる。中川毅によれば、花粉分析から導かれた植生から、当時の年平均降水量や年平均気温を推定することも可能で、鳥浜貝塚は縄文時代前期後半には、現在よりも2〜3度高い平均気温だった。これは、第2章で述べたように、安田による三方湖堆積物のボーリング調査および花粉分析、さらに安田・中川らによる水月湖堆積物(年縞) ボーリング調査の成果からも補強されている。

ところで、水月湖年縞は、毎年形成される湖底堆積物の縞模様が約7万年分連続したものであり、後述する放射性炭素年代測定も行われて詳細な環境情報を提供できる基準資料となっている(口絵13)。鳥浜貝塚が人里・自然環境双方を反映するデータを提供するのに対し、水月湖年縞は純粋な自然環境を反映するデータを提供する。水月湖年縞の花粉分析は現在も継続中であるが、それが公表されれば、少なくとも日本海側を代表する、最終氷期から後氷期の古植生・古気候情報を提供してくれるだろう。この水月湖年縞が発見されるきっかけは、鳥浜貝塚の発掘調査であり、第4次調査以降の学際的な調査方針が大きな成果をもたらしたといえる。

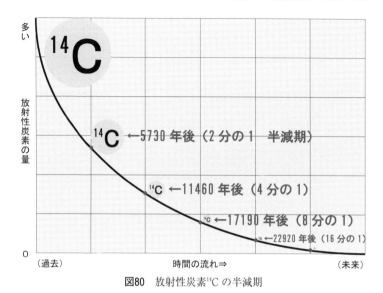

図80　放射性炭素^{14}C の半減期

(2) ^{14}C 年代測定

　考古学における^{14}C 年代測定は、大気中に循環し、5,730年（5,568年・5,570年とする場合もある）を半減期とする放射性炭素同位体（^{14}C）を利用して、遺跡から出土する炭素を含む物質・遺物、およびそれらが付着したり内包したりする遺物の年代を推定することに利用されている（図80）。鳥浜貝塚では、貝層・土層から出土した木片、クルミ片、貝殻、獣骨等の他、土器に付着したススやオコゲ（図81）を分析対象としており、特に土器については利用された年代を直接議論できる有力な試料である。

　鳥浜貝塚では今までに第4、5、8、9、10次調査出土試料が年代測定に供され、山田治、小元久仁夫、浜田知子、中村俊夫、小林謙一、遠部慎、工藤雄一郎らによって草創期・早期・前期の年代測定値が公表されてきた。近年の^{14}C 年代測定方法論の進歩は日進月

図81 土器に付着した炭化物

歩であり、これまでに報告された年代測定値を、そのままの形で現在の議論に用いることは困難である。それは、以下に述べる2つの方法論に大きな転換があったからである。

詳しい原理については省略するが、第一に、^{14}C が崩壊するときに放出する放射線（β線）を計測して元素量を推測する方法から、加速器質量分析法（AMS法）という直接 ^{14}C 元素の質量を計測する方法への転換があった。β線を検出するためには、十分な分析時間と十分な量の試料を確保しなければならなかったが、加速器質量分析に必要な試料は一般に0.2～1mg程度である。^{12}C に対する ^{14}C の質量比を直接求めるので、この時点での測定誤差も大幅に小さくなったといえる。

ところで、^{14}C 年代測定はたとえば5,500年前±100年（に収まる確率が68％）といった具合に統計的な誤差をともなう。あくまで ^{14}C から求めた推定年代であり、暦年代ではなかったのだが、樹齢の長い木の年輪年代測定や、水月湖年縞のような長い時間軸をもつ別の年代測定法と組み合わせることで、統計的な誤差を大幅に減らすことが可能になった。これが第二の転換である。1998年（平成10）から、このように誤差を減らし、暦年代に較正するために用いる国際

表9 IntCal13で較正した鳥浜貝塚・ユリ遺跡出土試料の年代

鳥浜貝塚

分析試料の種類	所属時期・型式	炭素14年代(BP)	較正年代(calBP)
木片	草創期・隆起線文／斜格子沈線文土器以下	11870±50	13647±38
木片	草創期・隆起線文／斜格子沈線文土器以下	11700±60	13513±53
木片	草創期・隆起線文／斜格子沈線文土器	11830±55	13657±65
木片	草創期・隆起線文／斜格子沈線文土器	11800±55	13644±71
木片	草創期・爪形文土器／多縄文土器より下層	11730±50	13526±54
木片	草創期・隆起線文土器	11220±80	13088±80
木片	草創期・爪形文土器／多縄文土器	10290±45	12061±97
木片	草創期・爪形文／無文／多縄文土器	10770±160	12684±154
花粉分析試料	草創期・多縄文土器（最下層）	10620±100	12610±84
花粉分析試料	草創期・多縄文土器（最下層）	10480±100	12563±95
花粉分析試料	草創期・多縄文土器（最下層）	10070±100	11605±213
花粉分析試料	草創期・多縄文土器（最下層）	11180±180	13009±180
花粉分析試料	草創期・多縄文土器（最下層）	10200±140	11879±276
木片	草創期・多縄文土器（最下層）	10670±280	12468±356
木片	草創期・多縄文土器	9775±55	11208±31
木片	草創期・多縄文土器	10080±60	11683±89
木片	草創期・多縄文土器	10320±60	12128±110
木片	草創期・多縄文土器	11850±100	13663±102
木片	草創期・多縄文土器	11900±110	13702±137
木片	草創期・多縄文土器	10070±45	11756±157
木片	草創期・多縄文土器	10270±45	12041±86
ピート	草創期・多縄文土器	10130±45	11766±68
木片	草創期・多縄文土器	10160±60	11848±132
土器付着炭化物	草創期・多縄文土器	10325±35	12099±75
土器付着炭化物	草創期・多縄文土器	10215±30	11971±45
土器付着炭化物	草創期・多縄文土器	10175±35	11873±79
土器付着炭化物	早期・神並上層式	9470±40	10709±55
土器付着炭化物	早期・神並上層式	9380±40	10616±53
花粉分析試料	早期・押型文土器	9370±125	10573±188
木	早期・押型文土器	9260±70	10446±75
木	早期・押型文土器（格子目文・山形文）	9170±50	10352±39
ピート	早期・押型文土器（山形文）	9120±80	10258±47
土器付着炭化物	早期・押型文土器（楕円文）	9050±160	10112±152
土器付着炭化物	早期・押型文土器（楕円文）	8900±40	9999±68
土器付着炭化物	早期・押型文土器（楕円文）	8660±50	9590±44
ピート	早期・押型文土器（山形文）	8330±45	9363±63
木片	早期・押型文土器	8190±300	9118±358
木片	早期・押型文土器（山形文・楕円文）	8130±30	9067±22
木片	早期・押型文土器（山形文）	7250±55	8123±36
土器付着炭化物	前期・鉾ノ木式？	6126±30	6985±38
木片	前期・羽島下層Ⅱ式併行	6170±50	7070±63
木片	前期・羽島下層Ⅱ式併行	6140±20	6998±29
木片	前期・羽島下層Ⅱ式併行	5910±30	6713±36
花粉分析試料	前期・羽島下層Ⅱ式併行	5860±100	6666±124
木片	前期・羽島下層Ⅱ式併行	5500±45	6298±24

木片	前期・羽島下層Ⅱ式併行	5440±40	6230±20
木片	前期・羽島下層Ⅱ式および北白川下層Ⅰa式	5740±50	6525±44
木片	前期・北白川下層Ⅰ式	5125±95	5845±101
木片	前期・北白川下層Ⅰb式	5470±50	6286±22
花粉分析試料	前期・北白川下層Ⅰ式およびⅡ式併行	5790±100	6584±109
花粉分析試料	前期・北白川下層Ⅰ式およびⅡ式併行	5680±100	6481±87
クルミ殻	前期・北白川下層Ⅰ式およびⅡ式併行	5520±20	6302±13
木片	前期・北白川下層Ⅰ式およびⅡ式併行	5510±20	6298±9
木片	前期・北白川下層Ⅰ式およびⅡ式併行	5490±70	6295±30
木片	前期・北白川下層Ⅰ式およびⅡ式併行	5460±30	6284±12
花粉分析試料	前期・北白川下層Ⅰ式およびⅡ式併行	5440±95	6247±72
有機物細片	前期・北白川下層Ⅰ式およびⅡ式併行	5450±20	6227±9
木片	前期・北白川下層Ⅱa式	5600±50	6362±49
木片	前期・北白川下層Ⅱb式	5490±50	6295±26
木片	前期・北白川下層Ⅱc式	5270±50	6097±21
木片	前期・北白川下層Ⅱa・b式	5330±30	6050±31
動物骨	前期・北白川下層Ⅱa・b・c式	5250±160	6055±162
木片	前期・北白川下層Ⅱa・b・c式	5220±35	5961±31
木片	前期・北白川下層Ⅱa・b・c式	5170±30	5925±17
動物骨	前期・北白川下層Ⅱa・b・c式	4800±140	5552±79
赤色漆塗櫛(塗膜)	前期・北白川下層Ⅱ式	5310±30	6090±95

ユリ遺跡			
1号丸木舟	後期	3600±80	3910±84
9号丸木舟	後期中葉〜後葉	3545±30	3857±31
7号丸木舟	後期中葉〜後葉	3475±30	3808±18
6号丸木舟	後期中葉〜後葉	3415±25	3665±30
8号丸木舟	後期中葉〜後葉	3385±35	3615±30
3号丸木舟	後期中葉以降	3170±80	3404±76
5号丸木舟	後期末葉・晩期前葉	3110±30	3352±21
2号丸木舟	後期〜晩期	2800±90	2894±106
4号丸木舟	晩期	2680±80	2806±64
木製品(櫂)	晩期以降〜弥生・古墳	2475±25	2590±29

的な較正曲線IntCal（イントカル）が作成されている。2004、2009年と改訂を重ねてきたIntCalは、2013年（平成25）に最新の第4版が公表された。じつはそのIntCal13の作成基礎資料となったのが水月湖年縞およびそこに含まれる葉の放射性炭素年代測定値なのである。

表9に、IntCal13で暦年較正した、鳥浜貝塚およびユリ遺跡出土試料の主な較正年代を記す。かつて水月湖年縞の発見のきっかけとなった鳥浜貝塚の発掘調査であるが、巡り巡って、水月湖年縞に

よってその出土試料の
放射性炭素年代が較正
されるというのは、不
思議な縁を感じずには
いられない。

(3) **糞石・寄生虫卵分析**

　鳥浜貝塚出土物のな
かで、異彩を放つの

図82　鳥浜貝塚出土の糞石

が、糞石である（図82）。これは糞が形状を保ちつつ化石化したも
ので、第4次調査で総数460点、重さ4347.6gと報告されているが、
出土総数は不明である。いずれも縄文時代前期（Z1～ZV期）に
ともなうものである。千浦美智子による形態分類では、排便のしは
じめ部分の「はじめ」、まっすぐ棒状部分の「直状」、最後の方のし
ぼり出された部分の「しぼり」、練成度が高いバナナの形を「バナ
ナ状」、強度の便秘便を「コロ状」、細長くもろい軟便を「チビ」と
表現している（表10）。上記分類で平均重量が最大なのが「バナナ
状」（13.0g、最大7.8cm）、最大重量を示したのが「直状」（33.2g）
であった。色調については風乾後のものであるが、茶、次いで薄茶
であった。出土直後の色調は、生々しい色を保っていたとのことで
ある。人糞か否かという点については、三リン酸ナトリウム溶液を
加えた後の色の変化で判別可能との見解が出されている。千浦は糞
石内容物から、獣肉の繊維、魚のウロコ、山ゴボウの繊維、魚骨、
ねまがり竹の先端等の同定に成功した。さらに本遺跡出土の植物遺
体のデータと照合し、食生活・メニュー・季節・農耕の起源にまで
分析を進めるはずであったが、道半ばにして逝去された。

表10 糞石の形態分類別の重さ・長さ・太さ

		はじめ	直状	バナナ状	コロ状	チビ	しぼり	破損
重さ(g)	平均	10.5	12.4	13	7	3.7	10.3	5.7
	最大	24.8	33.2	29.6	16.3	9.1	29.2	14.6
	最小	1.7	2.8	2.6	1.3	0.7	1.1	1.8
長さ(cm)	平均	3.5	3.8	4.5	2.7	2.6	3.9	3
	最大	5.8	6	7.8	4	5.2	6.3	5.2
	最小	1.2	1.9	2.6	1.4	1.4	1.5	1.8
太さ(cm)	平均	2.3	2.3	2.1	2.1	1.6	2	2.1
	最大	3.1	3.6	2.9	2.9	2	3.2	3.2
	最小	1.7	1.5	1.6	1.5	1	1.2	1.1
数量		92	76	20	67	57	82	36

　千浦が射程に入れていた研究に糞石に含まれる寄生虫卵の分析があったが、これを引き継いだのが金原正明である。金原は、鳥浜貝塚と宮城県里浜貝塚出土の糞石を分析し、寄生虫卵の検出される試料とされない試料とがあるとしている。鞭虫類、肝吸虫を除く異形吸虫類、マンソン裂頭条虫、毛頭虫類の寄生虫卵が検出された。このうち、マンソン裂頭条虫はイヌを主とする肉食動物を宿主とすることから、イヌの糞便の可能性が高いとされた。鞭虫類は人のみに感染、吸虫類は貝類→魚類・カニ→哺乳類の順に感染、毛頭虫類は鳥類からまれに人に感染する。一方、ほぼ同時期の青森県三内丸山遺跡では高密度の鞭虫卵が見つかった。三内丸山遺跡では定住・人口の集中という寄生虫症の感染・蔓延の条件を有していたが、縄文時代の他遺跡での可能性は低いとされる。鳥浜貝塚でもまれに寄生虫に感染する人間がいたが、人口密度の点では三内丸山遺跡にはおよばなかったのかもしれない。

(4)　**土器付着物の脂肪酸分析・安定同位体比分析**

　一般的には「縄文土器は主に煮炊きに利用されていた」といわれ

るし、筆者の勤める博物館でもその前提で展示を構成している。煮炊きに使った素材が形を保ったまま土器に残る事例もあり、鳥浜貝塚出土土器の底面にユリ根とされる炭化物が付着している例もある。だが、それを実証的に示すことは意外にむずかしい。何を、どの程度の割合で、といった具合に定量的に示すことは、これまでほとんどできなかったのである。

オコゲなどの土器付着物の脂肪酸に含まれる炭素（^{13}C、^{12}C）および窒素（^{14}N、^{15}N）安定同位体比から、この点について分析する研究を、英国ヨーク大学のオリバー・クレイグらの研究グループが実施した。動物の体にはその動物に特有の元素の安定同位体比があり、その組成を特定することで、ある生物の痕跡（バイオマーカー）を追うという方法である。鳥浜貝塚の草創期多縄文土器期の土器片を分析したところ、高次の栄養段階にある水棲生物（サケ等）や反芻動物（シカ等）を270℃以上で煮炊きしたものであることが確かめられた。なかには、淡水域や陸域の動物よりも海産物寄りの数値をもつ試料もあり、鳥浜貝塚が利用しはじめられた初期段階ですでに、海産物を利用していたらしいことが明らかになったのである。

さらに、早期・前期の土器も加えて143点の試料を分析すると、草創期以降、土器で主に煮炊きされたのは水産物であり、植物資源やシカ等の反芻動物の痕跡は非常に少ないということが判明した。アレクサンドル・ラッキンらは、草創期の土器は「威信に関わる技術」として発明され、その後数千年間、用途は限定的だったと推定している。本遺跡から出土した、特に前期の大量の動物遺体・植物遺体は、実はほとんど土器で調理されていなかったのではないかという画期的な研究成果である。

表11　鳥浜貝塚出土の重要文化財指定品一覧

下層出土　縄文時代草創期

土器		242点
石器		84点
（内訳）	局部磨製石斧	1点
	磨製石斧	1点
	石鏃	39点
	削器	6点
	石錐	1点
	石錘	30点
	磨石	4点
	石皿	1点
	砥石	1点
木製品		1点
縄残欠		1点

上層出土　縄文時代前期

土器		127点
（内訳）	深鉢・鉢形土器	53点
	浅鉢形土器	3点
	縄補修土器片	3点
	彩漆土器片	5点
	赤彩土器片	6点
	土製品	57点
石器		489点
（内訳）	磨製石斧	33点
	礫器・打製石斧	24点
	石槍	2点
	石鏃	138点
	石匙	48点
	削器	37点
	石錐	94点
	石錘	28点
	磨石・敲石・凹石	20点
	石皿	14点
	砥石	14点
	装飾品（残欠共）	19点
	異形石器	18点

上層出土　縄文時代前期（続き）

骨角歯牙貝製品		263点
（内訳）	刺突具	150点
	釣針	2点
	骨針	11点
	装飾品	78点
	篦状骨器	2点
	鹿角斧	7点
	鹿角刺突具	1点
	貝輪残欠	12点
木製品		136点
（内訳）	櫛	1点
	石斧柄（残欠共）	40点
	弓・尖棒（残欠共）	20点
	やす状木製品	1点
	小型弓（残欠共）	10点
	櫂（残欠共）	15点
	容器（残欠共）	25点
	砧形木製品	1点
	鉤形木製品	1点
	杓子	4点
	手網枠状木製品	2点
	杖形木製品	2点
	籠把手	1点
	漆塗製品	1点
	装飾付板	1点
	丸木舟	1点
	杭残欠	11点
縄・編物残欠		33点

下層・上層合計	1376点

　縄文時代草創期は海水準が現在よりも低く、遺跡から海までの距離はずっと遠かったのだから、より手間暇かけて海の幸を食生活に取り入れていたのだろう。草創期の土器容量が小さく、点数も少ないことを考えると、上記の説にも整合性があるといえる。

9　出土資料の国重要文化財指定

　ここまで述べてきた鳥浜貝塚出土資料は、2002年（平成14）6月26日付けで国重要文化財に指定された。「下層出土」と分類された縄文時代草創期の土器242点、石器84点、木製品1点、縄残欠1点、「上層出土」と分類された同前期の土器127点、石器489点、骨角歯牙貝製品263点、木製品136点、縄・編物残欠33点の計1,376点である（表11）。この年はちょうど、所蔵機関である福井県立若狭歴史博物館（当時は若狭歴史民俗資料館）の開館20周年にあたり、指定を記念した特別展も開催された。最初の発掘調査から40年を経て、ようやく鳥浜貝塚の出土資料が国からのお墨付きを得たのである。

第6章　遺跡の現在

　鳥浜貝塚の歴史的位置づけについては、前章までで述べた通りである。最後に、遺跡がいまどのように保存活用されているのかについて述べたい。

1　鳥浜貝塚の現地

　ポンプ場の設置や、河川拡幅工事にともなって調査が行われた鳥浜貝塚は、未来にそのままの形で残すことはできなかった。遺跡中央〜西側の遺物包含層や遺構の大部分は、調査と工事によって失われてしまったのである。しかも現在の鰣川の河床以下にあるため、地表面で遺物を採取したり、遺構のあった場所を直に見たりすることができない。

　これらの理由もあったためだろうか、鳥浜貝塚を史跡として指定する動きはなく、1986年（昭和61）以降、遺物包含層や遺構の分布を調べる目的の発掘調査は行われていない。学史的に有名な遺跡であるにも関わらず、現地に行ってみると特に復元建物や関連施設があるわけでもない。遺跡の概要を示した看板、「鳥浜貝塚」と調査当時の福井県知事・中川平太夫氏が刻んだ記念石碑、縄文人を模した「縄文太郎」の人形。これが鳥浜貝塚の現地で、それを物語る器物のすべてである（図83）。

　こう書いてしまうと、「なんだ、残念だな」と思う方もおられる

図83 鳥浜貝塚の石碑と看板

かもしれない。筆者も正しく同感で、17年前に初めて鳥浜貝塚を訪れたときは、あまりの寂しさに正直がっかりしたものである。だが、現在の筆者の重要な仕事は、後世に鳥浜貝塚を伝えるために尽くすことでもあるので、何もない現地で極力、見学者の想像力をかき立てる説明を心掛けている。さいわい周囲には、いまだ山や田園風景が拡がり、鱒川上流方向への見通しも効くので、たとえば現地に立って、縄文時代当時の湖沼の範囲について説明をする。現在の水田は第2章でも述べたように、そこがかつて水域であったことが確実なので、東西南北それぞれの田んぼの範囲を指し示しながら、そこまで古三方湖が拡がっていた光景を心の眼で見ていただくのである。

同様に、鳥浜貝塚のつくられた縄文時代草創期〜前期以降の遺跡も交えて、周囲の自然環境と関連させて紹介する。ここで移動手段としての丸木舟の話題を出すと、より効果的だ。さらに鳥浜貝塚公園には、地元の鳥浜漁業協同組合員の船着き場があり、高瀬川まで階段を降りれば、川辺から丸木舟で出発する縄文人たちの気分を味わうこともできるだろう（図84）。

見学者自身の足下に、数千年前の人間の痕跡があると想像力をたくましくすれば、自然とともに暮らした縄文時代の人びとの気持ちに近づくことができるのではないかと考えている。

図84 高瀬川岸の船着き場

2 遺跡に関わる町の取りくみ

(1) 縄文まつりと若狭町祭り

1986年(昭和61)で10次にわたる鳥浜貝塚発掘調査が終了した。テレビや新聞による報道の場面では、特にその学術的成果が強調されていたが、地元住民の心には、町起こしのテーマとして縄文を取り上げたいという気持ちが芽吹いていた。それは翌年9月22日・23日に、第1回若狭三方縄文まつりとして、鳥浜貝塚の現地に結実するのである。

当時の『広報みかた』から、少し長くなるが記事を引用してみよう。

縄文まつりは、この鳥浜貝塚を生かし、町を活性化するために始められました。町内外の鳥浜貝塚への認識を深め、町民が一堂に会する場を設けることで、一人ひとりの心に町づくりの意欲を呼び起こします。そして、観光客の誘致を図り、観光につ

図85 丸木舟競漕

いて考える機会にします。いま、縄文まつりで私たちの祖先、縄文時代の人々の知恵と情熱を学びます。そして、引き継ぎ伝えます。

30年近く前に始まった町起こしイベントであるが、その意図するところや未来への想いは、今日と変わるところがないし、おそらく全国の自治体で行われている古代遺跡をテーマにしたイベントも、上記記事と同じ趣旨なのではないだろうか。実行委員会の面々を見ると、実行委員長には小堀源治郎町長（当時）、委員には観光協会や漁協、農協、町役場、森林組合、商工会といった主たる団体の若手メンバーの顔触れがある。イベントにかかる費用や物資、人的協力も40を超える町内外の企業や各種団体からの寄付によるものだ。鳥浜貝塚を核にした、調査者だけでない、いろいろな人たちの想いが詰まった手づくりのまつりであったといえる。じつは筆者も、過去に実行委員会のメンバーを務めていたことがあるので、この縄文まつりを熱い想いなしに語ることができない。

さて、まつりの内容も実に多彩で工夫されていた。目玉のイベントとして、鳥浜貝塚から出土した丸木舟にちなんだ丸木舟競漕があった（図85）。これは出土品の1号丸木舟をFRPで復元した舟10艘を使い、鳥浜貝塚脇の鰣川をコースとして行われたエキサイティングなレースである。一般の部、ファミリーの部、女性の部、小学生の部、集落対抗の部等があり、出土品に忠実に再現された木製の

図86 140°角スリットカメラで撮影した巨大縄文鍋

櫂を操り、2ないし3名の漕ぎ手が息をあわせて真剣に漕ぐ姿がたいへん好評であった。豪華賞品があっただけでなく、衣装や漕ぎ方を工夫したパフォーマンス部門もあり、参加者も聴衆も一体となって楽しめる好イベントだったのだ。

　鳥浜貝塚の大きな調査成果として、縄文時代の繊維製品を検出したことがあるが、それにちなんだ「縄文ファッションショー」も開催された。衣装をつくる制作者、それを着て練り歩くモデルも、学術的側面にとらわれることなく、各自の想像力を最大限に発揮して取り組んでいた。過去には繊維製品の研究者である尾関清子氏とその学生の皆さんが参加されたこともある。

　まつりといえば、食も重要な要素であるが、縄文まつりには何と直径2.5m、重さ1トンの巨大縄文鍋が登場した（図86）。鉄製であるものの、外側に縄文土器の文様が刻まれており、縄文時代の雰囲気たっぷりだ。鳥浜貝塚の主要構成種であるシジミを50kg用意し、味噌70kgを加えた味噌汁を4,000人にふるまったのである。開催年によって異なるが、他にもコイの味噌汁があったり、マグロの解体ショー、イノシシの丸焼きがあったりと、縄文の食を演出するには十分な仕掛けがあった。

まつりの開始は、はさみによるテープカットならぬ石斧による縄カット、鰣川に浮かべた浮きにロープで飛び乗る縄文ターザン、水上綱引き、土笛や太鼓を用いた縄文コンサート、火起こし・弓矢や復元住居に入る縄文生活体験、魚つかみ、エンディングの花火等々。学術的に縄文時代を再現するのではなく、創意工夫と想像も交えて、楽しくみんなが縄文時代の雰囲気を共有できるイベントが多かった。まつりの元実行委員として懐かしく思うのは、仕掛け人としても、参加者としても楽しめるまつりだったことである。まちづくりの手法として、縄文時代というキーワードがこれほどうまく機能できたのは、「縄文時代が好き」な人びとが集まっていたからだと思わずにはいられない。

　旧三方町は隣接する旧上中町と2005年（平成17）に合併後、若狭町として再出発したのであるが、縄文まつりは若狭町祭り（略称・若祭）と名を替え、縄文ロマンパークを会場に毎年開催されている（図87）。若狭地方の首長墳を数多く擁し、国伝統的建造物群保存地区・熊川宿をもつ旧上中町と、縄文の旧三方町を包括するテーマとして、これらの文化財にも関わりの強い古代の赤い顔料「ベンガラ」が新たなテーマとなった。それにちなんで、ベンガラ和灯篭づくりや、浴衣小町コンテスト等、イベントの内容もやや現代風にリニューアルされた。2014年（平成26）に開催された第5回若狭町祭りでは、6年ぶりに縄文丸木舟競漕が復活し、選手公募枠を全国に拡大して盛大に開催された。丸木舟競漕の実行委員として筆者は参加していたが、運営側も楽しめるイベントとして、やはり丸木舟競漕に勝るものはない、と感じた次第である。今後も、時代にあわせて内容はアレンジされていくのだろうが、縄文や古代をテーマにした住民参加型のまつりが継続されることを願っている。

図87 若狭町祭り　ベンガラ和灯篭

(2) 若狭三方縄文博物館友の会　DOKIDOKI 会

　筆者の勤務する若狭三方縄文博物館には、友の会がある。その名も若狭三方縄文博物館友の会　DOKIDOKI 会。実にわかりやすい名称だが、あえて解説させていただくと、縄文土器の「ドキ」と、胸のときめきを表す「ドキドキ」をかけて名づけられたものである。発足は縄文博物館開館後2年が経過した2002年（平成14）で、会員数は2016年（平成28）現在、県内外の約110名を数える。

　活動内容は多岐にわたっているが、基本的に縄文博物館と縄文ロマンパークを活動場所に、縄文時代の暮らしに関連するテーマで、会全体ないし各部会で随時活動を行っている。会全体の活動としては、年3回程度、県内外の施設や遺跡を訪問し、研修活動を行うほか、月に1回、復元竪穴住居内で火を焚くイベントを行っている。全国16の市町からなる「縄文都市連絡協議会（別称：縄文シティサミット）」に参加して、各地の友の会・ボランティア団体との交流

図88 縄文杉グッズ

活動も行っている。各部会は、縄文杉グッズづくり部会、縄文食部会、アンギン部会、縄文の森づくり部会・縄文のくすりやさん、広報部会、縄文学研究部会からなっている。それぞれに部会長を置き、会員が任意に所属を決めているので、複数の部会を掛けもちしている方々もいる。

　各部会の活動を概観してみよう。縄文杉グッズづくり部会は、縄文博物館の展示資料にもある縄文時代の埋没杉を材料に、ネックレス、ペンダント、ストラップ等のアクセサリーや小物類を手作りで製作し、ミュージアムショップで販売も行っている（図88）。素材の埋没杉は縄文時代中～後期のものだが、若狭町内の水田の土地改良等で出土したものをストックしてあり、「太古からの贈り物　縄文杉」をキャッチフレーズとして紹介している。縄文食部会は、縄文時代に使われたであろう食材を極力取り入れたレシピをつくり、イベント等の際にロマンパーク内の復元竪穴住居等で会員や来場者にふるまい、旬の食材を利用していた縄文人に学ぶことをテーマに活動している。アンギン部会は、新潟県十日町市の越後アンギン伝承会からその製作法を学び、鳥浜貝塚で出土した編み物の復元をテーマに、カラムシやアサの皮から糸をつくったり、アンギンの編み物作りを実践している（図89）。縄文の森づくり部会・縄文のくすりやさんは、縄文ロマンパーク内に生き物があふれる縄文の森を

つくることを目標に、ドングリがなる樹木や薬草を育てている。また、パーク内で採取したクマザサのお茶をイベント等で提供している。広報部会は、年2回発行の会報を編集し、会の活動内容の周知に努めている。

図89 アンギン部会の活動

縄文学研究部会は、座学の勉強会を年数回開催し、各地の遺跡・博物館の見学会とあわせて、縄文時代の最新情報について学ぶ場となっている。

なお、友の会会員の一部は、若狭三方縄文博物館の展示説明員を務めており、日ごろの活動内容を反映した解説を来館者に披露してご好評をいただいている。鳥浜貝塚という遺跡を後世に伝えるためにも、現代の人間がそれを知り、語っていく作業は不可欠である。友の会をもつ博物館は全国各地に多いものの、DOKIDOKI会の活動は鳥浜貝塚や三方五湖周辺をキーワードにした独自の内容をもち、PR効果も大きい。2015年（平成27）には、公益財団法人福井県文化振興事業団が選定する「野の花文化賞」を団体として受賞した。野の花文化賞とは、「ふるさとの文化を継承し、これを支えて努力している多くの方々や、地域社会のなかで個性豊かな生活文化の創造と普及のために地道な活動をつづけている方々に向け、その功労をたたえる」賞である。今後もDOKIDOKI会のさらなる発展を願ってやまない。

3　鳥浜貝塚を周知する施設

　鳥浜貝塚の現地の項でも触れたように、2016年（平成28）現在、鳥浜貝塚には文化財としての史跡指定の動きはない。それには遺跡立地の問題や、調査後の保存状況等の課題も大きく関係していると思われる。しかし、指定はされていなくとも、その遺跡が歴史上重要であることや、現代人に何かを教えてくれる原点であることに変わりはない。若狭三方縄文博物館および福井県立若狭歴史博物館において、展示や講座、講演会や体験講座の手法による、鳥浜貝塚を周知する活動は継続して行われている。以下にそれらを紹介しよう。

(1) 若狭三方縄文博物館

　若狭三方縄文博物館は、2000年（平成12）4月に開館した。鳥浜貝塚をはじめとする三方五湖周辺の縄文遺跡出土資料の展示を行い、縄文時代から現代を見つめ直すきっかけを提供することをメインテーマとしている。1982年（昭和57）8月に開館した三方町郷土資料館が前身で、近年の調査・研究成果や環境情報の追加を目的とした展示刷新を行い、2013年（平成25）3月にリニューアルオープンした。国道162号線から見える外観は、円筒がたくさん生えた古墳のようなドーム形をしている。これは縄文時代を象徴する遺物である土偶の丸いお腹をイメージしてデザインされたものである（図90）。

　展示室は8つのゾーンに分かれており、①ラムサール条約湿地・三方五湖、②太古の森、③縄文世界へのいざない、④土と炎の造

図90 若狭三方縄文博物館外観

形、⑤森と海の文明、⑥鳥浜文化からみる縄文時代、⑦現代と縄文、⑧シアター「地母神殿」の各テーマを扱っている（図91）。それぞれの展示の目玉を紹介すると、①ラムサール条約湿地・三方五湖の詳細情報、②若狭町中山埋没林出土の幅5mの埋没杉展示、③音と光で来館者を迎える仕掛け、④鳥浜貝塚を主とする若狭町内遺跡出土縄文土器（草創期～晩期・主に完形復元資料）の展示ギャラリー、⑤ユリ遺跡出土丸木舟および実験考古学の展示、⑥鳥浜貝塚出土資料、模型、イラストを多用した鳥浜貝塚の四季のくらしの展示、⑦水月湖年縞と現代の環境展示、⑧オリジナル映像「縄文」の上映コーナー、である。展示は小学生から一般の見学者を主対象としており、展示説明員による解説（要予約）も行っている。また、特別展示室では、年数回の企画展・特別展を開催しており、常

図91 若狭三方縄文博物館常設展示室

設展示を補完する内容の展示や、広く若狭町の歴史や環境、日常生活に関わるテーマの展示、新収蔵品の展示等を実施している。

　縄文博物館の大きな特色の1つに、体験講座がある。土器づくり、土笛づくり、勾玉づくり、火起こし体験、丸木舟乗船体験があり、数名から団体までの利用が可能だ（要予約）。このうち、はじめの4体験については他の博物館でも行っている例が多いが、丸木舟乗船体験は、縄文ロマンパーク沿いの鰣川で行うアウトドア体験である。先に触れた丸木舟競漕に使用する復元丸木舟を、木の櫂で漕いで縄文時代の技術を体感するのである。特に小学生の遠足や校外学習に、展示見学とセットで利用することをお奨めしているが、実物の丸木舟を見学した後、実際に自分で漕いでみるという体験

第6章 遺跡の現在　137

図92 縄文ロマンパークの遠景

は、究極の縄文体験とよべるのではないだろうか。

　縄文博物館の所在する縄文ロマンパークは敷地面積が4.5haあり、遠足利用や散策にはもってこいである（図92）。敷地内には福井県立三方青年の家もあり、団体での宿泊研修の場としても利用できる。復元竪穴住居や鳥浜貝塚の調査成果を反映して植栽した森、そして眼前に広がる三方湖を中心とした周辺の自然景観は、あたかも縄文時代にタイムスリップしたかのような感覚を抱かせる。縄文博物館ご来訪の折は、ぜひロマンパークも歩いていただきたい。なお、2015年（平成27）に道の駅三方五湖がオープンし、来場者に地元の産品を提供している。

　縄文博物館では、若狭町の歴史と環境をテーマとした若狭町歴史環境講座（旧称：縄文学講座）を、開館した2000年（平成12）から通算70回以上開催してきた。講座のメインテーマは、当初は縄文時

代に特化していたが、若狭町となってからは特に、①三方五湖、②縄文文化、③古墳文化、④町並みや町づくり、⑤伝統文化としている。縄文時代だけでなく、歴史と環境の話題に事欠かない若狭町ならではの講座であり、今後も旬のトピックを取り上げて開催していく予定である。

(2) 福井県立若狭歴史博物館

　一方、1982年（昭和57）10月に開館した福井県立若狭歴史民俗資料館は、2014年（平成26）7月に福井県立若狭歴史博物館と改称し、リニューアルオープンした。福井県南西部に当たる若狭地方の歴史・考古・民俗・美術工芸を幅広く取り上げ、実物資料中心に紹介している展示施設である。開館当初、鳥浜貝塚の調査は継続中であり、館のスタッフと調査メンバーは2足のわらじで普及活動に力を入れることとなった。また発掘調査終了後は、膨大な出土資料の保存管理を行いつつ、外部研究者に対する調査研究の窓口として、鳥浜貝塚の学術研究推進に貢献してきた。もちろん、企画展・特別展を通じた鳥浜貝塚の普及啓発活動も行っており、鳥浜貝塚出土品の国重要文化財指定（2002年・平成14）に際して主体的に活動された施設である。全国各地の縄文遺跡から重要文化財級の資料を集め、鳥浜貝塚との比較を目的とした特別展示もこれまでに何度か開催してきた。

　展示リニューアル後は、若狭のみほとけ・若狭の祭りと芸能・若狭のなりたち・若狭から都への道・若狭への海の道の各テーマを常設展示とした。特に若狭の古代史と仏像展示に力を入れ、小浜市・おおい町・高浜町方面に分布する国宝・重要文化財を擁する社寺めぐりの拠点として機能している。また鳥浜貝塚を主とする縄文時代

の展示も継続し、鳥浜貝塚1号丸木舟をはじめとする重要文化財指定資料を中心に展示を構成している。若狭三方縄文博物館が鳥浜貝塚の入門編とするならば、若狭歴史博物館は応用編と評することもできる。鳥浜貝塚の資料だけでなく、若狭の歴史と文化について、あわせてご覧いただくことをお奨めしたい。

　また、縄文博物館と若狭歴史博物館は、国立若狭湾青少年自然の家、福井県立三方青年の家、福井県海浜自然センターと合同の5施設連携事業を、年1回開催している。これは小学生から中学生を対象に、若狭の自然と文化に触れながら、そのなかでの新たな友達づくりを目的とした「わくわく体験塾」とよばれる宿泊体験事業である。毎年、県内外から定員を上回る応募があり、30名弱の参加者と各施設のスタッフ、学生ボランティアが秋に2泊3日で行動をともにする。たとえば、縄文博物館では勾玉づくり、若狭歴史博物館では展示見学と食のはなし、若狭湾青少年自然の家ではカッター漕艇と宿泊、三方青年の家では星空観察と宿泊、海浜自然センターでは海釣り体験といった具合に、各施設がその特性を活かした体験プログラムを子供たちに提供するのである。

　縄文時代の学習に限らないが、集団プログラムで寝泊まりしながら学ぶことは、子どもたちにとってよい思い出になるとともに、地域における自然や文化についての理解を大きく助けることになると筆者は考えている。毎年、参加者からのアンケートを取っているが、その多くに「参加してよかった」「また参加したい」と書いてあるのは、その何よりの証拠であろう。縄文博物館と若狭歴史博物館は、特に縄文時代や鳥浜貝塚の紹介に努めているが、その背景にある自然環境や縄文時代の生業、共同作業の重要性などを体感的に学ぶ場としても、このわくわく体験塾は有益であるように思う。

4 これからの鳥浜貝塚

 最後に、鳥浜貝塚の今後について2点述べたいと思う。
 まずは、学術研究面の課題である。主に第5章で見たように、鳥浜貝塚の膨大な発掘調査成果は、そのとりまとめも含めて、今後に残された課題が多い。鳥浜貝塚出土資料の分析は、発掘調査終了後30年経過した現在でも完了していない。その理由はいくつか挙げられるが、以下の3点が大きいだろう。
① 出土量の多さ。総量記載のある第6次〜第10次調査の分だけでも30リットルコンテナに646箱以上に及ぶ。
② 発掘調査終了後の予算・人員体制の不備。発掘調査が実施された時代と河川改修にともなう調査自体に原因があるが、膨大な出土量を誇る土器、石器、骨角歯牙貝製品、木製品、漆製品、繊維製品等について、主要資料の図化を完了させることができていない。
③ 調査終了後に組織だった研究推進体制がなかった。発掘調査期間中であれば、各専門分野の研究者が集結し、遺跡や遺物を今後どう扱っていくかについて、検討部会等が開催できたと想像する。だが開発にともなう緊急調査であり、史跡指定を見込んだ調査体制でもなかったことから、それはのぞむべくもなかった。

 発掘調査終了後、多くの研究者・学生が鳥浜貝塚出土遺物に関わってきたが、筆者の知る限り、そのいずれもが一過性で限定された分野での関わり方に終始している。敦賀短期大学（2013年［平成25］に閉学）を除いて近隣に考古学を専攻できる大学や研究機関がなく、遺跡総体の整理を目指した研究者や学生の継続的な関与がな

かったことも、③の要因を後押ししたと思う。今後は筆者も含めた地元研究者が呼び掛ける形で、外部研究者も参画した計画的な再整理体制を組み、継続的に鳥浜貝塚の資料の全貌を明らかにすべきと考えている。幸い近年、能代修一、佐々木由香、工藤雄一郎らによる主に植物資源利用と年代測定に関する研究が進められ、徐々にその成果が公表されてきた段階である。

　もう1点は、鳥浜貝塚を後世に伝える普及の問題である。第1章で見たように、かつては小学校社会科教科書に掲載され、全国的に有名だった鳥浜貝塚であるが、発見から50年以上、発掘調査終了から30年が経過したいま、筆者のように鳥浜貝塚に関わる仕事をしている人間ならともかく、遺跡の存在すら知らない人びとばかりになってしまったのも無理はない。しかし、1998年（平成10）の学習指導要領改訂で消えていた小学校6年生社会科教科書の「旧石器時代・縄文時代」の記述が2012年（平成24）から復活し、学校現場から縄文博物館に出前授業を求める声も出てきている。これから鳥浜貝塚を後世に伝えるにあたって、有利な風向きであることは確かだ。

　用途や暮らしのなかでの位置づけがわかりやすいさまざまな種類の遺物が出土し、周辺の自然環境利用の情報を多くもつ鳥浜貝塚は、縄文時代像を初心者に具体的に伝えるのには、うってつけの遺跡である。毎年、受け入れをしている学校団体だけでなく、観光を目的とした一般来館者にも、この点で理解しやすい条件を備えているともいえる。

　そうした点とは別に、鳥浜貝塚から復元される縄文社会像は、現代社会とは対極にあることが、現代人への問題提起にもなるのかもしれない。具体的には大量生産、大量消費、自然（景観）破壊、環

境汚染、経済最優先等といった現代社会の負に見える側面は、実質的に縄文時代にはなかった、もしくは顕在化しなかったと思われる。現代社会のそうした側面に疲れた人びとにとって、鳥浜貝塚での自給自足で、自然に「やさしく」、自然への祈りに満ちた暮らしは、癒しを与え、見習うべき対象にも映るのだろう。若狭三方縄文博物館の入館チケットには「共生と循環」の文字が印刷されている。これは梅原猛縄文博物館館長がよく使うことばであり、仏教でいう「山川草木悉皆成仏」の思想につながるものである。

　縄文時代の社会は、一般に人口密度が低く、現代社会とは生活の基盤がまったく異なるから、学術的には単純に両者を比較することはできない。けれども先にも書いたように、それを「見習って」、現代人が自分たちの暮らしへの戒めとする分には許されるだろう。鳥浜貝塚の暮らしにおける自然との「共生と循環」のイメージを、現代的に解釈して紹介しているのが縄文博物館なのである。

　読者の方々も、鳥浜貝塚を知る最初の入口として、遺跡の現地とともにぜひ縄文博物館にお立ち寄りいただきたい。学術研究面、普及面の双方について、今後の鳥浜貝塚の方向性が最新の情報により見えてくるはずである。

若狭三方縄文博物館

住　　所　福井県三方上中郡若狭町鳥浜122-12-1
問 合 せ　電話：0770-45-2270　FAX：0770-45-3270
開館時間　午前9時～午後5時（入館は午後4時30分まで）
休 館 日　毎週火曜日（祝日の場合は翌日）・年末年始・燻蒸等による臨時休館あり
入 館 料　大人500円　小学生～高校生200円（20名以上の団体は2割引き）身障者手帳等をお持ちの方／無料
交通案内　〔自動車〕舞鶴若狭自動車道　若狭三方ICから国道27号・162号経由、三方湖沿いに車で約5分
　　　　　〔JR〕小浜線三方駅下車、車で5分・レンタサイクルで10分・徒歩20分
U R L　http://www.town.fukui-wakasa.lg.jp/jomon/

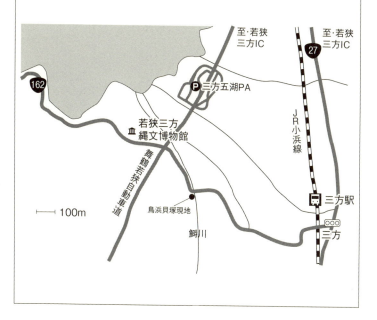

福井県立若狭歴史博物館

住　　所　福井県小浜市遠敷2丁目104
問合せ　　電話：0770-56-0525　FAX：0770-56-4510
開館時間　午前9時〜午後5時（入館は午後4時30分まで）
休館日　　年末年始・館指定日（http://wakahaku.pref.fukui.lg.jp/calendar/）
入館料　　常設展示　一般300円（20名以上の団体は2割引き）
　　　　　小・中学生・高校生・満70歳以上・身障者手帳等をお持ちの方／無料
交通案内　〔自動車〕舞鶴若狭自動車道　小浜ICから国道27号沿いに車で約5分
　　　　　〔JR〕小浜線東小浜駅下車、徒歩5分
Ｕ Ｒ Ｌ　http://wakahaku.pref.fukui.lg.jp/

引用・参考文献

姉崎智子・西本豊弘・新美倫子　2005　「鳥浜貝塚出土（1985年度Ｌ１区）の陸棲哺乳類遺体」『鳥浜貝塚研究』４・５、鳥浜貝塚研究会

姉崎智子・本郷一美　2005　「鳥浜貝塚におけるイノシシ利用の変化—1985年度発掘調査資料の検討」『鳥浜貝塚研究』４・５、鳥浜貝塚研究会

網谷克彦　1989　「北白川下層式土器様式」『縄文土器大観１　草創期　早期　前期』小学館

網谷克彦　1996　「鳥浜貝塚出土の木製品の形態分類」『鳥浜貝塚研究』１、鳥浜貝塚研究会

網谷克彦　1997　「環境と文化的適応—縄文時代の湖畔集落・鳥浜貝塚—」『環境情報科学』26-2、社団法人環境情報科学センター

網谷克彦　2007　「木器製作のムラ—鳥浜貝塚—」『縄文時代の考古学６　ものづくり—道具製作の技術と組織—』同成社

網谷克彦　2009　「美浜の縄文時代」『わかさ美浜町誌　美浜の文化第６巻　掘る・使う』美浜町

網谷克彦・田辺常博・玉井常光　1984　『田井野貝塚』三方町教育委員会

網谷克彦・田辺常博・玉井常光　1985　『藤井遺跡』三方町教育委員会

あみもの研究会編　2015　『シンポジウム　縄文・弥生時代の編組製品研究の新展開—植物資源利用・技法・用途—要旨集』あみもの研究会

稲波素子　1983　「6.鳥浜貝塚のシカ・イノシシ遺体」『鳥浜貝塚1981年・1982年度調査概報・研究の成果—縄文前期を主とする低湿地遺跡の調査３—』福井県教育委員会・福井県立若狭歴史民俗資料館

植田弥生　1999　「若狭湾沿岸低地の完新世木材化石群」『国立歴史民俗博物館研究報告』81、国立歴史民俗博物館

内山純蔵　2007　『縄文の動物考古学—西日本の低湿地遺跡からみえてきた生活像』昭和堂

大塚達朗　1989　「草創期の土器」『縄文土器大観１　草創期　早期　前期』小学館

岡田篤正　1984　「2.三方五湖低地の形成過程と地殻運動」『鳥浜貝塚1984年度調査概報・研究の成果—縄文前期を主とする低湿地遺跡の調査５—』

福井県教育委員会・福井県立若狭歴史民俗資料館

岡田文男　2007　「漆工技術」『縄文時代の考古学6　ものづくり―道具製作の技術と組織―』同成社

遠部　慎　2014　「東海地方における押型文土器期の年代測定値集成」『東海地方における縄文時代早期前葉の諸問題』東海縄文研究会

遠部　慎・小林謙一・宮田佳樹・西本豊弘　2008　「鳥浜貝塚出土試料の炭素14年代測定（1）」『館報　平成19年度』福井県立若狭歴史民俗資料館

可児通宏　1989　「押型文系土器様式」『縄文土器大観1　草創期　早期　前期』小学館

金子浩昌　1973　「狩猟の展開」『古代史発掘2　縄文土器と貝塚』講談社

金原正明　1999　「8.寄生虫」『考古学と自然科学②　考古学と動物学』同成社

櫛部正典・早瀬亮介　2008　「鳥浜貝塚の草創期木製品について」『館報　平成19年度』福井県立若狭歴史民俗資料館

櫛部正典・早瀬亮介　2009　「鳥浜貝塚出土漆塗り木製品について」『館報　平成20年度』福井県立若狭歴史民俗資料館

工藤雄一郎・国立歴史民俗博物館編　2014　『ここまでわかった！　縄文人の植物利用』新泉社

工藤雄一郎・四柳嘉章　2015　「石川県三引遺跡および福井県鳥浜貝塚出土の縄文時代漆塗櫛の年代」『植生史研究』23-2、日本植生史学会

小薬一夫　2008　「なわと縄文」『縄文時代の考古学5　土器を読み取る―縄文土器の情報―』同成社

小島秀治　2007　「外洋性漁撈活動の存在への評価―鳥浜貝塚における縄文時代前期の「痕跡」の検討―」『縄紋時代の社会考古学』同成社

小島秀彰　2012　「木材利用を中心とした低地縁辺居住民の活動―縄文時代から古代における福井県三方低地帯遺跡群と古植生の比較から―」『比較考古学の新地平』同成社

小島秀彰　2016　「福井県鳥浜貝塚出土の大型ブリ属遺体」『動物考古学』33、日本動物考古学会

小島秀彰編　2005　『北寺遺跡Ⅱ』三方町教育委員会

小島秀彰編　2013　『ユリ遺跡Ⅱ』若狭三方縄文博物館

小林加奈・山田昌久　2011　「縄文時代丸木舟の復元製作実験」『人類誌集報 2008・2009』首都大学東京人類誌調査グループ

小林謙一編　2007　『AMS炭素14年代測定を利用した東日本縄紋時代前半期の実年代の研究』平成17年～18年度科学研究費補助金基盤研究（C）（1）（課題番号17520529）

小林達雄　1977　『日本原始美術体系1・縄文土器』講談社

佐賀市教育委員会文化財課編　2006　『東名遺跡　日本最古の湿地性貝塚』国土交通省九州地方整備局佐賀河川総合開発工事事務所・佐賀市教育委員会文化財課

茂原信生・本郷一美・網谷克彦　1991　「鳥浜貝塚出土（1985年度調査）の哺乳類遺存体」『国立歴史民俗博物館研究報告』29、国立歴史民俗博物館

清水孝之編　2012　『ユリ遺跡―舞鶴若狭自動車道建設事業に伴う調査―』福井県埋蔵文化財調査センター

清水孝之編　2014　『曽根田遺跡―舞鶴若狭自動車道建設事業に伴う調査―』福井県埋蔵文化財調査センター

鈴木三男・能城修一・小林和貴・工藤雄一郎・鰺本眞友美・網谷克彦　2012　「鳥浜貝塚から出土したウルシ材の年代」『植生史研究』21-2、日本植生史学会

瀬口眞司　2009　『縄文集落の考古学―西日本における定住集落の成立と展開―』昭和堂

田中祐二　2002a　「鳥浜貝塚出土の「石棒様石製品」について」『館報　平成16年度』福井県立若狭歴史民俗資料館

田中祐二　2002b　「鳥浜貝塚出土の石器群（1）―草創期石器群の器種分類―」『鳥浜貝塚研究』3、鳥浜貝塚研究会

田中祐二編　2002　『開館20周年記念　鳥浜貝塚出土品重要文化財指定記念特別展図録　鳥浜貝塚とその時代』福井県立若狭歴史民俗資料館

田辺常博編　1992　『市港遺跡・北寺遺跡』三方町教育委員会

田辺常博編　1996　『ユリ遺跡』三方町教育委員会

千浦美智子　1983　「糞石―コプロライト」『縄文文化の研究2　生業』雄山閣出版

谷口康浩　1989a　「条痕文系土器様式」『縄文土器大観1　草創期　早期　前期』小学館

谷口康浩　1989b　「諸磯式土器様式」『縄文土器大観1　草創期　早期　前期』小学館

鳥浜貝塚研究グループ編　1979　『鳥浜貝塚―縄文前期を主とする低湿地遺跡の調査1―』福井県教育委員会

鳥浜貝塚研究グループ編　1981　『鳥浜貝塚1980年度発掘調査概報―縄文前期を主とする低湿地遺跡の調査2―』福井県教育委員会

鳥浜貝塚研究グループ編　1983　『鳥浜貝塚1981年・1982年度調査概報・研究の成果―縄文前期を主とする低湿地遺跡の調査3―』福井県教育委員会・福井県立若狭歴史民俗資料館（以下、『1980～1985年度調査のまとめ』まで同じ）

鳥浜貝塚研究グループ編　1984　『鳥浜貝塚1983年度調査概報・研究の成果―縄文前期を主とする低湿地遺跡の調査4―』

鳥浜貝塚研究グループ編　1985　『鳥浜貝塚1984年度調査概報・研究の成果―縄文前期を主とする低湿地遺跡の調査5―』

鳥浜貝塚研究グループ編　1987a　『鳥浜貝塚1985年度調査概報・研究の成果―縄文前期を主とする低湿地遺跡の調査6―』

鳥浜貝塚研究グループ編　1987b　『鳥浜貝塚―1980～1985年度調査のまとめ―』

中川　毅　2010a　「花粉を用いた定量的な気候復元」『縄文時代の考古学12　研究の行方―何がわからなくて何をすべきか―』同成社

中川　毅　2010b　「水月湖の年縞　過去7万年の標準時計」『日本地球惑星科学連合ニュースレター』6（4）

中島経夫　2000　「鳥浜貝塚遺跡から出土した魚類遺体」『鳥浜貝塚研究』2、鳥浜貝塚研究会

中島経夫・甲斐朋子・辻　美穂・鈴木恭子　2005　「鳥浜貝塚出土咽頭歯についての定量分析の予察的報告」『鳥浜貝塚研究』4・5、鳥浜貝塚研究会

中野拓郎編　2004　『市内遺跡発掘調査報告―宮山古墳群・公文名遺跡・木崎山南遺跡・櫛川鉢谷遺跡―』敦賀市教育委員会

西田正規　1985　「縄文時代の環境」『岩波講座　日本考古学2　人間と環境』岩波書店

西田正規　1989　『縄文の生態史観』東京大学出版会

西本豊弘　2007　『弥生農耕の起源と東アジア―炭素年代測定による高精度編年体系の構築―』平成16年度～平成20年度文部科学省・科学研究費補助金　学術創生研究費（課題番号　16GS0118）

日本道路公団北陸支社敦賀工事事務所　2001　『若狭の軟弱地質　近畿自動車道敦賀線』日本道路公団北陸支社敦賀工事事務所

能城修一・佐々木由香　2014　「遺跡出土植物遺体からみた縄文時代の森林資源利用」『国立歴史民俗博物館研究報告』187、国立歴史民俗博物館

能城修一・鈴木三男　1990　「福井県鳥浜貝塚から出土した自然木の樹種と森林植生の復元」『金沢大学日本海域研究所報告』22、金沢大学日本海域研究所

能城修一・鈴木三男・網谷克彦　1996　「鳥浜貝塚から出土した木製品の樹種」『鳥浜貝塚研究』1、鳥浜貝塚研究会

畠中清隆　2002　『統合二級河川整備工事（河川改修）に伴うボーリング調査結果報告書』福井県教育庁埋蔵文化財調査センター

本郷一美　1991　「哺乳類遺存体に残された解体痕の研究―鳥浜貝塚85区出土の獣骨をとおして―」『国立歴史民俗博物館研究報告』29、国立歴史民俗博物館

町田賢一編　2014　『小竹貝塚発掘調査報告―北陸新幹線建設に伴う埋蔵文化財発掘報告Ｘ―』公益財団法人富山県文化振興財団埋蔵文化財調査事務所

三方町史編集委員会編　1990　『三方町史』三方町

三方町編　2005　『かえりみる三方町のあゆみ』三方町

村上　昇・遠部　慎　2008　「鳥浜貝塚から出土した多縄文土器とその年代測定値」『館報　平成19年度』福井県立若狭歴史民俗資料館

明治大学学術フロンティア推進事業事務局編　2011　『蛍光Ｘ線分析装置による黒曜石製遺物の原産地推定―基礎データ集2―』明治大学古文化財研究所

森川昌和　1963　「福井県鳥浜貝塚をめぐる2・3の問題」『物質文化』1

物質文化研究会

森川昌和　2002　『鳥浜貝塚　縄文人のタイムカプセル』未来社

安田喜憲　1979　「7.花粉分析」『鳥浜貝塚—縄文前期を主とする低湿地遺跡の調査1—』福井県教育委員会

山川史子　1992　「縄文時代骨製刺突具の製作方法　福井県鳥浜貝塚出土獣骨の分析」『考古学雑誌』78-1、日本考古学会

山田昌久　2007　「木の利用と実験考古学—住環境整備（構築部材・燃料材）に限定して—」『縄文時代の考古学6　ものづくり—道具製作の技術と組織—』同成社

山田昌久　2015　「実験考古学フィールドの設置と連携関係の構築—考古学知の再検討に係る研究実践—」『人類誌集報2015-4』首都大学東京人類誌調査グループ

四柳嘉章　2009　「鳥浜貝塚出土の縄文前期漆塗り製品の科学分析」『館報平成20年度』福井県立若狭歴史民俗資料館

藁科哲男・東村武信　1988　「石器原材の産地分析」『鎌木義昌先生古稀記念論集　考古学と関連科学』鎌木義昌先生古稀記念論文集刊行会

Craig, O. E., H. Saul, A. Lucquin, Y. Nishida, K. Taché, L. Clarke, A. Thompson, D. T. Altoft, J. Uchiyama, M. Ajimoto, K. Gibbs, S. Isaksson, C. P. Heron and P. Jordan　2013.　Earliest evidence for the use of pottery. *Nature*. 496：351–354

Hongo, H.　1989.　Freshwater Fishing in the Early Jomon Period (Japan)：an Analysis of Fish Remains from the Torihama Shell-Mound. *Journal of Archaeological Science*. 16：333–354

Lucquin, A., K. Gibbs, J. Uchiyama, H. Saul, M. Ajimoto, Y. Eley, A. Radini, K. P. Helon, S. Shoda, Y. Nishida, J. Lundy, P. Jordan, S. Isaksson and O. E. Craig　2016.　Ancient lipids document continuity in the use of early hunter-gatherer pottery through 9,000years of Japanese prehistory. *Proceedings of the National Academy of Sciences of the United States of America*. vol. 113 no. 15：3991–3996

写真・図版提供一覧

〔口絵〕
1・5・6・7・9・12・14・15：福井県立若狭歴史博物館
2：公益財団法人元興寺文化財研究所
3：四柳嘉章氏
13：中川毅氏
上記以外：若狭三方縄文博物館

〔本文〕
図19・20：中川毅氏
図27-4：福井県教育委員会
図31～34、36～41、43・46・47・52・54・60～63、65・66、69・71～73、78：福井県立若狭歴史博物館
図86：森山哲和氏
上記以外：若狭三方縄文博物館

図・表出典一覧

図8：三方町編　2005
図11：日本道路公団北陸支社敦賀工事事務所　2001
図12：畠中　2002
図16：小島　2012
図35・49：鳥浜貝塚研究グループ編　1987bを改変
図44・50・51・57・64：鳥浜貝塚研究グループ編　1987b
表3：安田　1979
表5：森川　2002を改変
表7：小島　2015を改変
表10：鳥浜貝塚研究グループ編　1979を改変
表11：田中編　2002を改変

あ と が き

　新設される三方町縄文博物館（当時）の学芸員募集があると聞き、応募したとき、私は大学院修士課程在学中だった。鳥浜貝塚の名称や内容は知っていても、それがどこにあり、どのような環境下の遺跡であるかは、当時千葉県に住んでいた私には、皆目見当がつかなかった。恥ずかしながら、学芸員を募集していた三方町を「さんぽうまち」（正解は「みかたちょう」）と読んでしまったくらい、若狭地方に縁がなかったのである。

　それから17年。博物館で勤めるうちに、鳥浜貝塚はもちろん、周辺の縄文から古代の遺跡、適度な湿度と適度の範囲を超える寒い冬と雪、それとは正反対にあたたかな住民の人柄、訪れる観光客の目の輝きなどに触れてきた。そのたびに少しずつではあるが、若狭地方について本当の意味で理解を深められてきたのではないかと思う。

　地域における遺跡のあり方を描くとき、その土地柄を深く理解した上で表現することが必要なのではないか。それが本書を執筆しながら、僭越にも抱いた感想である。本書で鳥浜貝塚の価値や魅力を伝えきれているか心許なく、魅力的な遺跡だと感じていただけなかったのならば、それはすべて私の至らなさが原因である。もし幸いにも、読者の方々が本書を手に鳥浜貝塚を訪れてくださったのであれば、それはひとえに遺跡自体の魅力や、発掘調査・整理作業・研究・普及に携われた皆様の御尽力の賜物である。

　「私に代わって鳥浜貝塚をまとめてみませんか」と本書執筆の機

会を与えてくださった網谷克彦先生、また原稿作成について懇切丁寧に対応してくださった編集担当の工藤龍平さんに、心より御礼申し上げます。

　日頃から、また本書をまとめるにあたって、次の皆様から多大なる御教示・御協力をいただきました。記して心より感謝申し上げます（五十音順・敬称略）。

　青池晴彦・赤澤徳明・鯵本眞友美・入江文敏・植月学・上野晃・内山純蔵・大江文雄・岡田文男・長田友也・遠部慎・木下哲夫・工藤雄一郎・小山修三・佐々木由香・芝田寿朗・清水孝之・建石徹・田中祐二・田辺常博・樋泉岳二・冨井眞・永江寿夫・中川毅・中原義史・西田正規・西本豊弘・能城修一・畠中清隆・本郷一美・町田賢一・森川昌和・森山哲和・安田喜憲・山田昌久・四柳嘉章

2016年8月

小島秀彰

日本の遺跡 51
鳥浜貝塚
（とりはまかいづか）

■著者略歴■

小島　秀彰（こじま・ひであき）

1975年、千葉県生まれ
早稲田大学第一文学部史学科考古学専修卒業・早稲田大学大学院文学研究科史学（考古学）専攻修士課程修了
現在、若狭町歴史文化課　若狭三方縄文博物館学芸員（主査）
主要論文等
「福井県三方五湖－早瀬川水系におけるニホンウナギ *Anguilla japonica* 生息状況の歴史的変遷について」『動物考古学　第29号』動物考古学研究会、2012年（共著）。「縄文時代から古代の福井県三方低地帯遺跡群における木材利用の変遷」『福井県嶺南地方の考古学　第2号』嶺南地方の考古学を学ぶ会、2012年。「福井県鳥浜貝塚の発掘調査と動物考古学的研究への寄与―学史の整理から―」『動物考古学　第32号』日本動物考古学会、2015年。

2016年10月31日発行

著　者　小島　秀彰
発行者　山脇由紀子
印　刷　亜細亜印刷㈱
製　本　協栄製本㈱

発行所　東京千代田区飯田橋4-4-8　㈱同成社
　　　　（〒102-0072）東京中央ビル
　　　　TEL 03-3239-1467　振替 00140-0-20618

Ⓒ Kojima Hideaki 2016. Printed in Japan
ISBN 978-4-88621-741-7 C 3321

シリーズ 日本の遺跡　第1期全50巻
四六判・本体価格各1800円

【既刊】（地域別）

〔北海道・東北〕
- ⑩白河郡衙遺跡群（福島）　鈴木　功
- ⑫秋田城跡（秋田）　伊藤武士
- ⑬常呂遺跡群（北海道）　武田　修
- ⑰宮畑遺跡（福島）　斎藤義弘
- ⑲根城跡（青森）　佐々木浩一
- ㉗五稜郭（北海道）　田原良信
- ㉚多賀城跡（宮城）　高倉敏明
- ㉛志波城・徳丹城跡（岩手）西野　修
- ㉞北斗遺跡（北海道）　松田　猛
- ㉟郡山遺跡（宮城）　長島榮一
- ㊽三内丸山遺跡（青森）　岡田康博
- ㊿富沢遺跡（宮城）　斎野裕彦

〔関東〕
- ③虎塚古墳（茨城）　鴨志田篤二
- ㉓寺野東遺跡（栃木）　江原・初山
- ㉕侍塚古墳と那須国造碑（栃木）眞保昌弘
- ㉙飛山城跡（栃木）　今平利幸
- ㊱上野三碑（群馬）　松田　猛
- ㊶樺崎寺跡（栃木）　大澤伸啓
- ㊻加曽利貝塚（千葉）　村田六郎太

〔中部〕
- ⑤瀬戸窯跡群（愛知）　藤澤良祐
- ⑮奥山荘城館遺跡（新潟）　水澤幸一
- ⑱王塚・千坊山遺跡群（富山）大野英子
- ㉑昼飯大塚古墳（岐阜）　中井正幸
- ㉒大知波峠廃寺跡（静岡・愛知）後藤建一

- ㉔長者ヶ原遺跡（新潟）　木島・寺崎・山岸
- ㊼荒屋遺跡（新潟）　沢田　敦

〔近畿〕
- ⑥宇治遺跡群（京都）　杉本　宏
- ⑦今城塚と三島古墳群（大阪）森田克行
- ⑧加茂遺跡（大阪）　岡野慶隆
- ⑨伊勢斎宮跡（三重）　泉　雄二
- ⑪山陽道駅家跡（兵庫）　岸本道昭
- ⑳日根荘遺跡（大阪）　鈴木陽一
- ㊲難波宮跡（大阪）　植木　久
- ㊸伊勢国府・国分寺跡（三重）新田　剛
- ㊺唐古・鍵遺跡（奈良）　藤田三郎

〔中国・四国〕
- ⑭両宮山古墳（岡山）　宇垣匡雅
- ⑯妻木晩田遺跡（鳥取）　高田健一
- ㉝吉川氏城館跡（広島）　小都　隆
- ㊴湯築城跡（愛媛）　中野良一
- ㊷鬼ノ城（岡山）　谷山雅彦
- ㊹荒神谷遺跡（島根）　足立克己
- ㊾長登銅山跡（山口）　池田善文

〔九州・沖縄〕
- ①西都原古墳群（宮崎）　北郷泰道
- ②吉野ヶ里遺跡（佐賀）　七田忠昭
- ④六郷山と田染荘遺跡（大分）櫻井成昭
- ㉖名護屋城跡（佐賀）　高瀬哲郎
- ㉘長崎出島（長崎）　山口美由紀
- ㉜原の辻遺跡（長崎）　宮﨑貴夫
- ㊳池辺寺跡（熊本）　網田龍生
- ㊵橋牟礼川遺跡（鹿児島）鎌田・中摩・渡部